Rolf Hosfeld Hermann Pölking

WIR DEUTSCHEN

1953 bis 1961

Die Fünfziger Jahre in der BRD schienen nur eine Richtung zu kennen: nach oben. Aber nicht nur immer neue Rekorde in der Wirtschaft prägen das Lebensgefühl, sondern auch die kleinen Erfolge: Der erste Urlaub, die größere Wohnung, das erste Moped ... Für die DDR-Bürger hingegen hießen die entscheidenden Ereignisse 17. Juni 1953, Entstalinisierung, zaghafter Konsum – und schließlich Mauerbau. Mit sensationellen Fotos und noch nie gesehenen Filmen zeigen die Autoren das Wirtschaftswunderland Deutschland in Ost und West. Im Buch werden die Ereignisse der politischen Großwetterlage erzählt, im Film wird das private Leben im geteilten Deutschland anschaulich, das wir alle geführt haben.

Rolf Hosfeld, geboren 1948, ist Journalist und Buchautor. Hermann Pölking, geboren 1954, ist Dokumentarfilmer und hat über 32 Filmchroniken herausgegeben. Die beiden Autoren haben mit dem bei Piper erschienenen Großprojekt »Die Deutschen« ein Multimedia-Geschichtswerk geschaffen, das auf insgesamt über 2000 Seiten mit Fotos, Texten und 12 einzigartigen Filmen Maßstäbe gesetzt hat.

Rolf Hosfeld Hermann Pölking

WIR DEUTSCHEN

1953 bis 1961 *Wirtschaftswunder und Mauerfall*

Mit 100 Abbildungen, 3 Grafiken und 1 Karte

Piper
München Zürich

Mehr über unsere Autoren und Bücher:
www.piper.de

Der vorliegende Band ist eine Auskoppelung aus dem Werk
»Die Deutschen, 1945 bis 1972. Leben im doppelten Wirtschaftswunderland«.

Autor Buch Rolf Hosfeld
Autor Film Hermann Pölking
Produzenten Tammo F. Bruns, Patrick Lithander, Hermann Pölking

Redaktion Buch Frank Wendler (Leitung), Rolf Böttcher, Nicole Möser
Co-Autorin Film Nina Mütze
Redaktion und Recherche Film Ralf Graumann, Sabine Herpich,
Svea Lang, Nina Mütze, Michael Nordmann, Linn Sackarnd, Frank Wendler
Redaktion Interviews Rolf Hosfeld, Hermann Pölking
Bildgestaltung Thomas Golüke
Schnitt Ralf Graumann, Sabine Herpich, Roland Mayer
Schnittassistenz Petra Aßmann, Torsten Büsing, Hagen Klaile
Gestaltung und Satz kleiner und bold GmbH
Lithografie Tiff.any GmbH
Umschlaggestaltung Büro Jorge Schmidt, München
Umschlagabbildungen Dodenhoff/akg-images; blendell.de/Ullstein Bild
Druck und Bindung Kösel, Krugzell

ISBN 978-3-492-05281-8

Printed in Germany

Inhaltsverzeichnis

Wir Deutschen.
So haben Sie die deutsche Geschichte noch nie gesehen.

»Wir Deutschen« erzählt die Geschichte der Deutschen in einer neuen Form. Alle Quellen, aus denen Vergangenheit anschaulich werden kann, sind zu einem multimedialen Projekt verbunden, dessen einzelne Teile sich ergänzen. Man kann Geschichte lesen, sehen und hören. So entsteht ein aufregender Zugang zu den Ereignissen, die unsere Gegenwart geformt haben. Das Buch bietet eine spannende Geschichtsdarstellung, die politische, wirtschaftliche und kulturelle Zusammenhänge deutlich werden läßt, mit selten gesehenen Fotos und Bildern, die die Alltagsgeschichte hinzufügen. Die DVDs bieten ein filmisches Kaleidoskop deutschen Lebens, wie es so noch nie gezeigt wurde. Die Filme entstammen weitgehend unbekannten regionalen und privaten Quellen, Firmen- und Verbandsarchiven aus ganz Deutschland und Europa und sind in den letzten zwanzig Jahren systematisch und in akribischer Kleinarbeit zusammengetragen und konserviert worden. Gefilmte Interviews mit bekannten Historikern runden das Projekt »Wir Deutschen« ab.

Linke Seite: Volkspark Berlin-Treptow. Rotarmisten im »Autoselbstfahrer«. Nach der Kapitulation am 8. Mai 1945 hat sich die 1. Belorussische Front in »Gruppe der Sowjetischen Besatzungstruppen in Deutschland« umbenannt. Nirgendwo sonst sind so viele Sowjetsoldaten stationiert wie in der SBZ und später in der DDR. Zeitweise sind es bis zu 500 000 Soldaten. Noch 1991 besteht die »Gruppe der sowjetischen Streitkräfte in Deutschland«, wie sie seit Gründung der DDR heißt, aus 24 Divisionen.

DEUTSCHLAND NACH DEM 17. JUNI

Ulbricht bleibt

Stalinstadt, das heutige Eisenhüttenstadt bei Frankfurt an der Oder, hatte am 17. Juni 1953 nicht zu den Zentren des Aufstands gehört. Es war damals eine im Entstehen begriffene sozialistische Musterstadt. Mitsamt seinem ersten volkseigenen Hochofen war es erst kurz zuvor, am 7. Mai, durch Walter Ulbricht persönlich eingeweiht worden, zwei Monate nach dem Tod Josef Stalins. Ungebrochen wirkte der Personenkult um den sowjetischen Führer nach, als Ulbricht an diesem Tag das Pionierprojekt dem »großen Baumeister des Sozialismus« zueignete. »Stalin schreitet durch das Kombinat«, schrieb die örtliche Tageszeitung einen Tag später, als sei er dort als Geist persönlich zur Weihe erschienen: »Der feierliche Ernst seiner Gesichtszüge ist einem gütigen, väterlichen Aussehen gewichen. Zart spielt der Wind mit den Silberfäden seines Haupthaares.«

Stalinstadt mit seinem Stahlkombinat sollte ein deutsches Magnitogorsk werden - und mehr als das. Es sollte ein gebautes Beispiel dessen sein, was sich Walter Ulbricht unter »Aufbau des Sozialismus« in der DDR vorstellte. Stalinstadt war für ihn der Ort, an dem zum ersten Mal ein »neuer« sozialistischer Mensch entstehen würde, der sich von allen schädlichen Verbindungen zur Vergangenheit befreit hätte.

Einen Turm brauche man nur für das Rathaus, meinte Ulbricht, und folglich gab es in Stalinstadt auch keine Kirchen. Es gab kein privates Handwerk, keinen privaten Handel und keinen privaten Grundbesitz. Das sozialistische Leben sollte sich ganz zwischen Stahlwerk, Hausgemeinschaft, Kulturhaus und Betriebssportgemeinschaft abspielen. Als einzige Partei war die SED zugelassen.

Viele zogen nach Stalinstadt, weil das *Eisenhüttenkombinat J. W. Stalin* hohe Löhne, gute Sozialleistungen, eine Sonderversorgung mit Lebensmitteln und Konsumgütern sowie jedem eine neue Wohnung zu bieten hatte. Es gab genügend Krippen, Kindergärten und Schulen. Stalinstadt sollte ein Ort sein, der sich mit seiner klassizistisch inspirierten Architektur ganz auf nationale, in diesem Fall preußische Traditionen bezog. Auch die Baukunst war, besonders in diesen frühen Tagen

Linke Seite: So beginnt auch in der DDR die Motorisierung. Moped SR 1 des VEB Fahrzeug und Gerätewerks Simson aus Suhl (1956).

Aufbau von Eisenhüttenstadt, 1953. Aus Anlaß von Stalins Tod am 5. März des Jahres erhält die Wohnstadt des neu errichteten Eisenhüttenkombinats Ost ihren ersten Namen: Stalinstadt. Seit dem Zusammenschluß mit Fürstenberg/Oder und der Gemeinde Schönfließ 1961 heißt sie »Eisenhüttenstadt«.

des Kalten Krieges, bei weitem nicht frei von Politik. Die westliche Moderne, meinte der Architekt Kurt Liebknecht, erfülle allein den Zweck, die Völker den Weltherrschaftsplänen des amerikanischen Imperialismus gefügig zu machen. In bewußter Polemik dagegen sollte mit Stalinstadt jungen »deutschen Patrioten« neue Selbstachtung gegeben werden. Die Gründung auf der grünen Wiese, 1953 noch umgeben von Barackensiedlungen jener, die auf die Fertigstellung ihrer Wohnungen warten mußten, war ein Zentrum der Aktivistenbewegung um beste Ergebnisse in der Produktion und eine Wiege des sozialistischen Ritus der Jugendweihe.

Die Bauarbeiter des Hochofens 5, die nicht zu den eigentlichen Bewohnern der Stalinstadt gehörten, marschierten am Morgen des 17. Juni ins benachbarte Fürstenberg, wo sich am Nachmittag etwa 1600 Menschen auf dem Marktplatz versammelt hatten. Doch in Stalinstadt selbst blieb es verhältnismäßig ruhig. Der größte Teil der Arbeiter dort, so die Frankfurter Volkspolizei, »beteiligte sich nicht an der Demonstration«. Immerhin hatte es aber auch hier Unruhen gegeben, besonders am 18. Juni, als die Bauarbeiter des Hochofens 5 sich mit den Insassen eines Lagers des

Politischer Karneval bei der Ostberliner »Gasolan«, Anfang der fünfziger Jahre. Auch hier ist die propagandistische Absicht unübersehbar.

Arbeitsdienstes »Dienst für Deutschland« solidarisierten. In diesen Tagen war die ganze Republik von Aufständen erfaßt, und der Bezirk Frankfurt an der Oder stand kurz vor der Verhängung des Kriegsrechts.

Einige Tage später kommt Fritz Selbmann nach Stalinstadt. Der Minister für Erzbergbau und Hüttenwesen hatte sich am 16. Juni vor dem Haus der Ministerien in Berlin gemeinsam mit den späteren Dissidenten Heinz Brandt und Robert Havemann den streikenden Arbeitern stellen wollen und war niedergeschrien worden. Das war mutig, doch Selbmann, der für einen Moment auf Dialog gesetzt hatte, entwickelte sich in diesen Krisentagen schnell zu einem Hardliner. Als er in Stalinstadt auftritt, hat er bereits eine genaue Vorstellung über die angeblichen Hintermänner des Aufstands. »Kollegen, Genossen, liebe Freunde«, beginnt Selbmann seine Rede vor den Hüttenwerkern, »wenn am 17. Juni die Besatzungsmacht nicht die Verpflichtung auf sich genommen hätte, normale und ordnungsgemäße Zustände in der Deutschen Demokratischen Republik wiederherzustellen, wenn die faschistischen Absichten der Provokateure in der Republik gelungen wären, dann hätten wir heute im Gebiet unserer Republik faschistische Zustände, und unsere Republik wäre heute mit ein Bestandteil der Basis der Politik der Kriegstreiber, die Deutschland in einen neuen Krieg führen wollen.«

Die Bezirke der Deutschen Demokratischen Republik 1952

In Stalinstadt mit seiner politisch einigermaßen ausgesuchten Bevölkerung konnte sich Selbmann mit dieser Version sogar einige Zustimmung erhoffen. »Hat man geglaubt«, so der Minister weiter, »daß wir es zulassen werden, daß unser stolzes Eisenhüttenkombinat J. W. Stalin den Schlotbaronen aus dem Ruhrgebiet überantwortet wird?« Den Hüttenarbeitern in Riesa gegenüber findet Selbmann andere Worte. Hier in Sachsen trifft er am 18. Juni ein, und dort ist der Aufstand keineswegs abgeebbt. Wieder, wie zwei Tage zuvor in Berlin, stellt er sich mutig den Arbeitern. Doch jetzt geht es ihm nicht mehr darum, auch nur noch irgend jemanden im Dialog überzeugen zu wollen. »Ich mache (...) darauf aufmerksam«, sagt er in scharfem Befehlston, »daß jede weitere Provokation im Werk (...) dazu führt, daß mit militärischer Gewalt im Betrieb eingegriffen und die Schuldigen unnachsichtig zur Bestrafung geführt werden.« Was das im Zweifelsfall bedeuten kann, belegt er mit einem drastischen Beispiel, nämlich »daß in Berlin heute bereits aufgrund der gestrigen faschistischen Provokation gegen einige der übelsten Rädelsführer aus der Westberliner Unterwelt die ersten Todesurteile ausgesprochen worden sind«. Schnell hatte sich in der SED die Sprachregelung durchgesetzt, daß der Aufstand vom 17. Juni nicht etwa das Ergebnis eigener verfehlter Politik, sondern vielmehr ein von langer Hand geplanter »faschistischer« Putschversuch gewesen sei.

»Seit langem organisierte Agentengruppen«, so die offizielle Version der 15. Tagung des Zentralkomitees der SED vom 26. Juli, und »ihre politischen Beauftragten, die Adenauer und Kaiser«, hätten »den faschistischen Tag X offen angekündigt«. Ehemals aktive Nazis, illegale Organisationen aus ehemaligen SPD-Mitgliedern, »brandleristische Spionagegruppen, Trotzkisten, SAP-Gruppen und andere« hätten dabei ihre Hände im Spiel gehabt und bewiesen, daß es »in der DDR eine von den Amerikanern organisierte und unterstützte faschistische Untergrundbewegung« gebe, die nach der Verkündung des »neuen Kurses« der SED »in Verwirrung gebracht und in Wut versetzt« worden sei und deshalb »den von langer Hand vorbereiteten Tag X beschleunigt« festgesetzt habe, »um die Durchführung des neuen Kurses zu stören«.

Das ist eine nach dem Ende des Kalten Krieges nur noch schwer nachvollziehbare merkwürdige Mischung aus Paranoia, Realitätsverleugnung, bewußt betriebener Verstellung und vorsichtiger politischer Neulandbestimmung, die vor allem eines deutlich macht: die panische Angst einer ihrer Legitimation zutiefst unsicheren Führungsschicht. Als »Tag X« bezeichnete die westdeutsche Politik in aller Offenheit den Tag, an dem die Wiedervereinigung kommen würde, und ein Gremium des Ministers für Gesamtdeut-

Linke Seite: In der DDR entstehen 1952 als Verwaltungseinheiten 15 Bezirke. Deren Grenzen nehmen nur wenig Rücksicht auf historische Ländergrenzen.

Uwe Johnson: Der Grenzgänger

Uwe Johnson ist ein Heimatvertriebener. Geboren in Kammin (Pommern), dem heutigen Kamién Pomorski (Polen), flieht der 11jährige mit Mutter und Schwester nach Mecklenburg. Seinen Vater interniert die Rote Armee. Johnson wird den Vater nie wiedersehen.

Nach dem Abitur studiert Johnson Germanistik an der Universität Rostock. Im Frühjahr 1953 soll er eine Aktion der »Freien Deutschen Jugend« (FDJ) gegen die evangelische »Junge Gemeinde« unterstützen. Auf der Großversammlung seiner FDJ-Gruppe kritisiert er diese Kampagne als nicht verfassungskonform. Die berechtigte Kritik führt zu seiner Exmatrikulation. Johnson hält dem Druck stand und legt demonstrativ die FDJ-Mitgliedschaft nieder. Er schreibt sich an der Universität in Leipzig für Germanistik ein und arbeitet während des Studiums an seinem ersten Roman. Vergeblich bietet er »Ingrid Babendererde« mehreren Verlagen an.

Sein erster veröffentlichter Roman heißt »Mutmassungen über Jakob«. Er wird im Westen gefeiert und im Osten scharf abgelehnt. Es ist die Geschichte eines Grenzgängers: Der Eisenbahner Jakob Abs kann weder in der DDR konfliktfrei leben, noch fühlt er sich in der BRD wohl. Johnson nimmt mit dem Buch sein eigenes Schicksal vorweg. Denn 1959 übersiedelt er nach Berlin-West – wo er nie heimisch wird. Zwei Wochen vor dem Bau der Mauer erscheint sein Roman »Das dritte Buch über Achim«. Wieder variiert er sein Generalthema, »die Teilung, die Grenze, den Unterschied«, diesmal am Beispiel der Recherche eines westdeutschen Journalisten über die Biographie eines DDR-Sportlers.

Johnson gilt als der »Dichter beider Deutschland«. Mit »Jahrestage« wird er in den siebziger Jahren sein Opus magnum veröffentlichen. Zu Ende schreiben wird er das mehrbändige Werk in England, wohin er 1974 umgezogen ist.

sche Fragen, Jakob Kaiser, war tatsächlich damit beschäftigt, für diesen Fall Vorbereitungen zu treffen. In erster Linie ging es dabei um Antworten auf die Frage, wie im Zweifelsfall das wirtschaftliche und soziale Gefüge der DDR dem der Bundesrepublik möglichst reibungslos anzugleichen wäre. Schon damals war die DDR mit 40 Millionen DM im Westen verschuldet. Ein Putschkonzept waren die Planspiele für den »Tag X« natürlich nicht.

Klassenjustiz in der DDR. Am Richtertisch in der Mitte sitzt die spätere Justizministerin Hilde Benjamin. Die »rote Hilde« ist der Inbegriff stalinistischer Rechtssprechung.

Gab es unter den Demonstranten ehemalige Nazis? Wahrscheinlich. Es gab sie auch in der SED und vor allem in den SED-nahen Blockparteien. Wer da wirklich welche Rolle gespielt hat, versuchte allerdings niemand handfest und zweifelsfrei herauszufinden. Bis auf einen Fall, der immer wieder als Beleg zitiert wurde und schließlich in Gestalt der Novelle *Die Kommandeuse* von Stephan Hermlin seinen Weg bis in die Lesebücher fand. »Am 17. Juni 1953, kurz vor Mittag«, beginnt es bei Hermlin in fast perfekt nachempfundener kleistscher Manier, »betraten zwei Männer die Zelle in der Saalstedter Strafanstalt und machten, als die Weber auf die Frage nach dem Grunde ihrer Haft erwidert hatte, sie habe fünfzehn Jahre abzusitzen wegen Verbrechens gegen die Menschlichkeit, ihr mit den Worten: ›Solche wie Sie suchen wir gerade!‹ die Mitteilung, sie sei frei.« Hermlins Geschichte bezieht sich auf den tatsächlichen Fall der als Erna Kaminski 1911 in Tilsit geborenen Erna Dorn, die auf Grund von Selbstbezichtigungen und Zeugenaussagen am 23. Mai 1953 wegen ihrer Vergangenheit als KZ-Wächterin zu einer Zuchthausstrafe von 15 Jahren verurteilt worden war. Aufständische hatten die Frau am 17. Juni – neben anderen – aus dem Zuchthaus Halle befreit.

Erna Dorn war nach dem Krieg der KPD beigetreten, aber wegen Betrugs, Unterschlagung und kleiner Diebstähle zweimal verhaftet worden, zuletzt im Januar 1951, als sie plötzlich während eines Vernehmungstermins die unglaublichsten Dinge erzählte. Sie sei Spionin und kenne geheime Waffenlager und amerikanische Offiziere. Ihr Vater sei ein

Westagent. Offensichtlich machte sie aber den Eindruck einer etwas verwirrten Frau und wird deshalb im November 1951 wieder entlassen.

Wenig später wird sie wieder in Haft genommen. Diesmal geht es um ihre mutmaßliche KZ-Vergangenheit und Verbrechen gegen die Menschlichkeit, die man ihr vorwirft. Nie konnte geklärt werden, ob diese Vorwürfe stichhaltig waren. Im Juni 1953 jedoch wird sie zur Kronzeugin für die Theorie vom »faschistischen Putsch«. Einen Tag war sie in Freiheit, bevor man sie am 18. Juni wieder verhaftete. Ein weiteres Mal erzählt sie bei ihrer Vernehmung unglaubliche Geschichten. Ihr Vater in Hannover habe beste Verbindungen zu der antikommunistischen Kampfgruppe gegen die Unmenschlichkeit und sei genauestens über die Vorbereitungen für den Tag X informiert gewesen. Diesmal glaubt man ihr allzugern. »Gleich nach ihrer gewaltsamen ›Befreiung‹ aus der Haft«, meldet die Hallesche *Freiheit* am 20. Juni, »wurde die SS-Bestie Dorn in den ›Führungsstab‹ der Provokateure aufgenommen.« Am 22. Juni wird sie in einem Eilprozeß des Bezirksgerichts Halle wegen »faschistischer und Kriegshetze« zum Tode verurteilt. Sie habe vorgehabt, »die Regierung der DDR zu stürzen«, heißt es in der Urteilsbegründung, »bzw. in deren Gebiet eine Situation zu schaffen, die es den westlichen imperialistischen Mächten ermöglicht hätte, bei uns in Deutschland mit einem neuen Korea und mit ihrem geplanten Feldzug gegen die Sowjetunion sowie die Volks-

Linke Seite: Der Ostberliner Oberbürgermeister Friedrich Ebert jun. (* 1894 Bremen, †1979 Berlin). Der Sohn des Reichspräsidenten wird 1945 Vorsitzender der SPD im Land Brandenburg und im April 1946 einer der beiden Landesvorsitzenden der SED. Im November 1948 wird er zum Oberbürgermeister von Ostberlin berufen.

Mit dem Bau der Stalinallee wollte Walter Ulbricht Paläste für Arbeiter schaffen. Daß er dies um den Preis einer empfindlichen Normerhöhung für die Bauarbeiter tat, war einer der Auslöser für den Aufstand am 17. Juni 1953.

Flüchtlinge aus der DDR, 1949 bis 1962

Nach dem Aufstand vom 17. Juni 1953 und nach dem Ungarnaufstand 1956 steigen die Flüchtlingszahlen markant an. In normalen Jahren liegen sie bis zum Mauerbau um die 200 000.

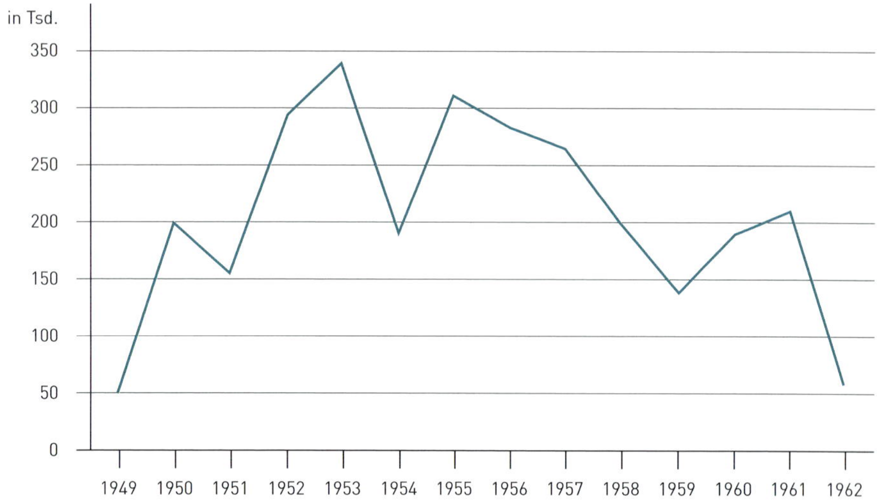

Vor 1949 wurden Flüchtlinge aus Ostberlin und den Zonen nicht systematisch registriert. Man schätzt ihre Zahl auf 440 000 bis 721 000. Nicht erfaßt sind genehmigte Ausreisen und Ausbürgerungen. Quelle: Datenhandbuch zur Geschichte des Deutschen Bundestages, 1949–1982, Hrsg.: Peter Schindler, Bonn 1983

demokratien zu beginnen«. Am 1. Oktober stirbt sie in Dresden unter dem Fallbeil.

Hat ein so hochbegabter Autor wie Stephan Hermlin eigentlich an seine eigene Geschichte der *Kommandeuse* geglaubt? Es spricht vieles dafür, wenn man in den *Erinnerungen* von Hans Mayer liest, der damals Professor für Literatur in Leipzig war, bevor er 1963 in den Westen übersiedelte. Mayer stellt sich allerdings mehr die Frage, was Hilde Benjamin, die Schwägerin des ihm gut bekannten Philosophen und Kulturkritikers Walter Benjamin, geglaubt haben mag, als sie am 14. Juli zur Ministerin für Justiz ernannt wurde und damit verantwortlich für die nachfolgenden politischen Prozesse war.

An diesem Tag mußte der ehemalige Sozialdemokrat und noch amtierende Justizminister Max Fechner vor dem Politbüro der SED erscheinen und Rede und Antwort stehen. Er wurde das erste Bauernopfer des Auf-

Das Boot »Weltjugendbund« der Magdeburger Volkspolizei-Wasserschutzinspektion auf Patrouillenfahrt auf der Elbe, 1952. In diesem Jahr fliehen mehr als 181 000, 1953 als Folge des 17. Juni 331 000 Menschen aus der DDR.

stands. Max Fechner hatte am 30. Juni und am 2. Juli im »Neuen Deutschland« auf die Frage, wie sich die Gerichte gegenüber den Streikenden des 17. Juni verhalten sollten, das verfassungsmäßig garantierte Recht auf Streik verteidigt. »Es werden also nur diejenigen der Bestrafung zugeführt«, so der Justizminister, »die Brände anlegten, die raubten, mordeten oder andere gefährliche Verbrechen begangen haben. Es wird also nicht gegenüber denen, die gestreikt oder demonstriert haben, eine Rachepolitik betrieben.« Am 9. Juni, mit der Verkündung des »neuen Kurses«, hatte die SED ausdrücklich von einer Stärkung der Rechtssicherheit in der DDR gesprochen, was ganz in Fechners Sinn war.

Doch jetzt war er plötzlich von einer unerwartet massiven Verhaftungswelle überrascht worden und hatte, um Fehlentwicklungen gegenzusteuern, dem »Neuen Deutschland« unter der Überschrift *Alle Inhaftierten kommen vor ein ordentliches Gericht* ein Interview gegeben, das ihm zum Verhängnis werden sollte. Auf der Tagung des Politbüros am 14. Juli wird er wegen »partei- und staatsfeindlichen Verhaltens« aus der SED ausgeschlossen und noch im ZK-Gebäude verhaftet. Es habe »gefährliche Tendenzen innerhalb unserer Justizverwaltung« gegeben, läßt seine Nachfolgerin Hilde Benjamin in ihrer Antrittsrede am 20. Juli verlautbaren. »Man wollte die Provokateure des 17. Juni schonen und sie der gerechten Strafe entziehen«, so die neue Justizministerin: »Man beging den grundsätzlichen Fehler, einen versuchten Staatsstreich und faschistischen Putsch als

1958 beginnt im VEB Stern-Radio Staßfurt (in Sachsen-Anhalt) die Fernsehproduktion. Auf hundert Haushalte kommen 1966 in der DDR schon 54 Fernsehgeräte.

einen Streik zu rechtfertigen.« Das sollte nun anders werden.

»Hilde Benjamin war die gefürchtetste Juristin der eben entstandenen DDR«, erinnert sich Hans-Dietrich Genscher, der kurz nach Abschluß seines juristischen Examens an der Universität Leipzig ihr einmal persönlich Fragen beantworten mußte. Viele Urteile wurden nach ihrem Amtsantritt sofort kassiert und nach erneuten Verfahren meist drakonisch verschärft. Ein Schlosser aus Delitzsch, ursprünglich zu anderthalb Jahren Zuchthaus verurteilt, mußte am Ende vier Jahre absitzen. Einer der maßgeblichen Streikführer in Halle erhielt zehn Jahre, Lothar Markwirth aus Niesky lebenslänglich - weil er am 17. Juni Stasi-Mitarbeiter in einen Hundezwinger gesperrt hatte. Insgesamt gab es bis März 1954 1526 Urteile, davon zwei Todesurteile, zwei Mal lebenslänglich und dreizehn Mal zehn bis fünfzehn Jahre. Geradezu panisch war die Angst vor einem neuen »Tag X«.

Dafür, daß es ihn überhaupt gegeben hatte, machte Ulbricht schon am 18. Juni das Ministerium für Staatssicherheit verantwortlich. »Lage bei Buna«, wird er im Protokoll der Politbürositzung dieses Tages zitiert, »faschistische Untergrundbewegung haben wir nicht zerschlagen können - Keine Führung im Ministerium - Funktionäre sind unsichtbar - es wurde ein imperialistischer Kampf geführt mit der Absicht, die Führung zu än-

Arbeiterinnen in einem Betrieb der Forstwirtschaft, 1955. Fast ein Drittel der in der Bodenreform enteigneten Flächen werden in »Volkseigenen Gütern« zusammengefaßt. Sie gehören den Ländern, Kreisen und Gemeinden.

dern!« Die letzten Worte hatte Ulbricht mit Bedacht gewählt. Anfang Juni bereits war in diesem Gremium von einer »Diktatur Ulbrichts« die Rede gewesen. Wilhelm Zaisser, der Chef des Ministeriums für Staatssicherheit, hatte Ulbricht einen »Drang zum Kommandieren« vorgeworfen und beklagt, daß unter Ulbrichts Leitung jedes »Gefühl für Parteidemokratie« verlorengegangen sei. Das war zu einer Zeit, als Ulbricht unter erheblichem Druck aus Moskau gestanden hatte, seinen überstürzten Kurs des sozialistischen Aufbaus um 180 Grad zu ändern und einen gemäßigten »neuen Kurs« zu verkünden, der ihm eigentlich gegen den Strich ging.

Zaisser war sich aufgrund seiner Biographie des Rückhalts aus Moskau sicher. Er war schon in den zwanziger Jahren für den Generalstab der Roten Armee tätig, hatte als »General Gomez« im spanischen Bürgerkrieg gekämpft und war zwischen 1932 und 1947 Mitglied der KPdSU gewesen. Die neuen Machthaber in Moskau nach Stalins Tod, das wußte er, setzten auf ihn und auf Rudolf Herrnstadt, den Chefredakteur des »Neuen Deutschland«.

Auch Herrnstadt, eine eher intellektuelle Figur, hatte beste Verbindungen in die Moskauer Zentrale. Seit 1930 war er für die sowjetische Militärspionage tätig und hatte bis weit in die vierziger Jahre ein bedeutendes internationales Agentennetz geführt. Herrnstadt galt politisch als stets zuverlässig, aber er war kein engstirniger Dogmatiker. Noch Ende Juni 1953 zählte ihn Marschall Sokolowski zu den »neuen, energischen Leuten«, die nötig waren, um in der DDR nach dem Aufstand einen Neubeginn zu wagen. In den Tagen vor dem 17. Juni hatte Herrnstadt im »Neuen Deutschland« die »Holzhammermethoden« kritisiert, mit denen Ulbricht die verordneten Normerhöhungen durchzupeitschen versuchte.

DDR-Jugend auf Hiddensee. Modisch hält die DDR noch Schritt mit dem Westen – auch den zweiteiligen Badeanzug trägt man schon zwischen Rügen und dem Erzgebirge.

Am 3. Juli schlägt Wilhelm Zaisser vor, Rudolf Herrnstadt mit dem neu zu schaffenden Amt eines 1. Sekretärs des Politbüros zu betrauen. Das war eine klare Kampfansage an Walter Ulbricht, und sie führte zu tumultartigen Szenen, bei denen sich Ulbricht und Zaisser gegenseitig lautstark mit heftigen Worten bedrohten. Doch es kommt zu keiner Entscheidung an diesem Tag. Auch zwei Tage später nicht, als Ulbricht Zaisser und Herrnstadt »spalterische Absichten« vorwirft und letzterem wegen seiner verhältnismäßig offenen Redaktionspolitik im »Neuen Deutschland« sozialdemokratische Ansichten unterstellt.

Nach der Rückkehr von einer Moskau-Reise kann der bedrohte Ulbricht am 14. Juli zum entscheidenden Schlag ausholen. Die sowjetischen Genossen hatten ihn mit dem Kommuniqué *Über die verbrecherische partei- und staatsfeindliche Tätigkeit Berijas* vertraut gemacht, das Ulbricht jetzt aus der Tasche zieht. Schnell konstruiert er daraus eine Verbindung zwischen dem »Verbrecher Berija« und der »Fraktion Zaisser/Herrnstadt«, die sich ohne Zweifel gut kannten. Sie waren, so Ulbricht, zu den Verschwörern zu rechnen, die die Absicht hatten, »die Führung zu ändern«, wie er es schon am 18. Juni gesagt hatte. Zaisser habe als Chef der Staatssicherheit zudem am 17. Juni völlig versagt, und Herrnstadt habe sich in den kritischen Tagen durch nichts als »defätistisches Zurückweichen« ausgezeichnet. Nach solcher Vorbereitung gerät die Tagung des Zentralkomitees vom 24. bis 26. Juli zu einem regelrechten Schaulaufen gegen Zaisser und Herrnstadt. Letzterem wird vor allem die »unrichtige, kapitulantenhafte Linie« vorgeworfen, »die in einer Reihe Aufsätze des Organs des ZK ›Neues Deutschland‹ vertreten wurde«. Die beiden könnten von Glück sagen, so Ulbricht in dieser Stunde seines Triumphs, daß sie nicht, wie Berija, verhaftet, sondern nur aus dem Zentralkomitee ausgeschlossen würden. 1954 werden sie wegen »parteifeindlicher fraktioneller Tätigkeit, die die Einheit und Reinheit der Partei bedrohte«, auch aus der SED entfernt. Walter Ulbricht hat sich wieder einmal durchgesetzt.

Zwar hält die SED weiter, zumindest in Worten, am »Neuen Kurs« fest, doch gleichzeitig betont das Zentralkomitee auf seiner Julitagung, es sei vollkommen richtig gewesen, »daß unsere Partei Deutschland auf den Weg des Sozialismus führte und in der Deutschen Demokratischen Republik mit der Errichtung der Grundlagen des Sozialismus begann«. Wenn diese »Generallinie« richtig war, dann konnten die Unruhen des 17. Juni nur das Ergebnis einer fraktionellen Tätigkeit gewesen sein, die zudem noch unter dem Einfluß des »Verbrechers Berija« mit der Forderung nach mehr Offenheit die »Grundlagen des Sozialismus« in Frage gestellt hatte. Von jeder Parteiversammlung wird nun eine deutliche Verurteilung der »Fraktion Zaisser/Herrnstadt« gefordert. 20000 Funktionäre und 50000 einfache Mitglieder müssen die SED verlassen, andere werden in der Hierarchie zurückgestuft. Von den Säuberungen waren 60 Prozent der Bezirksleitungen und über 70 Prozent der 1. und 2. Kreissekretäre betroffen. Ulbricht hat mit solchen rabiaten Maßnahmen die Partei wieder »auf Linie« gebracht.

Einsatz eines Anhänge-Mähdreschers des VEB Kombinats Singwitz in einer sächsischen LPG, 1955.

Am 24. Juli verliert das Ministerium für Staatssicherheit mit der Absetzung Wilhelm Zaissers seine bisherige relative Selbständigkeit und wird als Staatssekretariat nach sowjetischem Vorbild in das Ministerium des Innern eingegliedert. Ulbricht ist ab sofort im Politbüro persönlich für die Staatssicherheit zuständig, um in Zukunft »menschewistische« Aufweichungen nach der Art Wilhelm Zaissers aus eigener Machtvollkommenheit verhindern zu können. Nach dem 17. Juni entsteht in der DDR einer der mächtigsten und wirkungsvollsten Staatssicherheitsdienste des Ostblocks - eine Konsequenz aus Zaissers angeblichem Versagen. Ende September verlangt das Politbüro nach einer erneuten Abrechnung mit Zaisser »die Aufdeckung und Entlarvung der Untergrundorganisationen der westdeutschen und westberliner Zentralen in Magdeburg, Halle, Leipzig, Dresden, Jena und anderen Städten«, in denen während des 17. Juni »die

aktivste faschistische Tätigkeit« aufgetreten sei. Die auf dieser Tagung geforderte Verbesserung der »Agenturarbeit«, sprich der Aufbau von eigenständigen Informationsgruppen und die Anwerbung informeller Mitarbeiter, sollte schon im November während der republikweiten Aktion »Feuerwerk« erste, propagandistisch weidlich ausgeschlachtete Ergebnisse zeitigen. Mehrere hundert vermeintliche Agenten werden während dieser Aktion festgenommen. Fieberhaft sucht das Staatssekretariat für Staatssicherheit nach Hinweisen auf einen neuen »Tag X« und erzeugt so eine Stimmung, bei der leicht jedes nicht systemkonforme Verhalten als Anzeichen für einen neuen »Putschversuch« gedeutet werden konnte. Noch im Jahr 1953 steigt die Zahl der hauptamtlichen Stasi-Mitarbeiter von 1500 auf 5000 an. Im Januar 1954 vermerkt eine Aktennotiz allerdings, daß »die Zahl der Informatoren völlig ungenügend« sei. Der Aufbau des Überwachungsstaats hat erst begonnen.

Ernteeinsatz Leipziger Studenten im Juli 1953. Ein unbezahlter, nicht ganz freiwilliger Arbeitseinsatz am Sonnabend oder in der Ferien wird in der DDR von Privilegierten wie Studenten aus bürgerlichen Familien erwartet.

Linke Seite: Das sowjetische Ehrenmal in Berlin-Treptow. Auf der 1949 fertiggestellten Anlage liegen die Gräber von 5000 bei den Kämpfen um Berlin gefallenen sowjetischen Soldaten.

Am 1. Mai 1954 paradieren zum ersten Mal »Kampfgruppen der Arbeiterklasse« mit roten Armbinden auf den Straßen Ostberlins und der größeren Städte der DDR. Sie waren am 9. Dezember 1953 formell als Betriebsorganisationen der SED ins Leben gerufen worden und sollten »aktiv an der Zerschlagung der verbrecherischen Machenschaften der faschistischen Untergrundorganisationen, der Agenturen des Ostbüros usw.«

teilnehmen – eine direkte Konsequenz des 17. Juni, auch wenn es einzelne »Kampfgruppen« bereits vorher gegeben hat. Mit ihnen hatte sich die Partei für den Fall künftiger Unruhen eine Art Militärpräsenz in den Betrieben aufgebaut. Im April 1954 erhalten die Parteiorganisationen der SED auch das Recht auf die Kontrolle der Betriebsleitungen.

Nach wie vor bleibt der Aufbau einer volkseigenen Schwerindustrie, für die Stalinstadt das gebaute Symbol sein sollte, das wichtigste Ziel der sozialistischen Wirtschaftspolitik. Durch einen aufsehenerregenden Beschluß der Sowjetunion, der DDR zum 1. Januar 1954 alle Reparationen zu erlassen und gleichzeitig 33 Sowjetische Aktiengesellschaften in ostdeutsches Volkseigentum zu überführen, sollte der angeschlagenen DDR wieder auf die Beine geholfen werden. An der angespannten Versorgungslage hat sich jedoch trotz verordneter Preissenkungen bei 12 000 Warenarten der lebensmittelkartenfreien HO-Läden kaum etwas geändert. Auch wenn es spürbare Verbesserungen im Wohnungsbau gab und die Einführung von Ratenzahlungen selbst teurere Konsumgüter bezahlbar machte, war die DDR noch weit von dem wachsenden Lebensstandard entfernt, der sich im Westen bereits etabliert hatte.

Linke Seite: Ein Ostberliner Wurstliebhaber lehnt an einem Konsum-Kiosk, 1958. In Berlin gibt es seit 1832 die berühmte Figur des »Eckenstehers Nante«.

Mitglieder und Funktionäre der SED aus dem Westberliner Bezirk Wedding bei der 1.-Mai-Demonstration vor dem Berliner Dom 1954. Zu dieser Zeit gibt es in Westberlin eine SED-W, in Ostberlin eine SPD, die sich bis zu ihrer Selbstauflösung am 23. August 1961 allen Annäherungsversuchen der SED widersetzt und natürlich nicht zu Wahlen zugelassen wird.

Die Westdeutschen und der 17. Juni

Konrad Adenauer war am 17. Juni 1953 nicht, wie manche andere, nach Berlin geflogen. Er hatte sich aus Furcht vor außenpolitischen Komplikationen erst nach mehrmaligem Drängen dazu bereit erklärt, wenigstens am Trauerakt für die Getöteten des Aufstands einige Tage später vor dem Schöneberger Rathaus teilzunehmen. »Neben die Trauer, neben das Mitleid tritt der Stolz auf diese Helden der Freiheit«, ruft er am 22. Juni den über hunderttausend auf dem Platz versammelten Berlinern zu: »Das ganze deutsche Volk hinter dem Eisernen Vorhang ruft uns zu, seiner nicht zu vergessen, und wir schwören ihm in dieser feierlichen Stunde: Wir werden seiner nicht vergessen. Wir werden nicht ruhen, und wir werden nicht rasten – diesen Schwur lege ich ab für das gesamte deutsche Volk –, bis auch sie wieder Freiheit haben, bis ganz Deutschland wieder vereinigt ist in Frieden und Freiheit.« Es spricht wenig dafür, daß Adenauer diesen Worten mehr als grundsätzliche Bedeutung beigemessen hat. Zu zögerlich war er an diesem Tag nach Berlin gereist, und zu sehr war ihm klar, daß mit dem 17. Juni auch die Strategie des von John Foster Dulles 1949 verkündeten »roll back« des Kommunismus gescheitert war, weil niemand ernsthaft die Risiken auf sich nehmen wollte, die ein Eingreifen des Westens während des Aufstands vom 17. Juni mit sich gebracht hätte.

In Panmunjon beschäftigten sich zu dieser Zeit die Unterhändler mit den letzten Paragraphen des Waffenstillstandsvertrags, der am 27. Juli unterzeichnet wurde und Korea entlang des 38. Breitengrads vertraglich zwischen Norden und Süden aufteilte. Niemand hatte da Interesse an einer neuen heißen Phase des Kalten Krieges. Ernst Reuter, der sich zu Beginn des Aufstands in Wien aufhielt, verweigerten die Amerikaner sogar den Platz in einer Militärmaschine, die ihn nach Berlin bringen sollte. Eine Ansprache, in der er auf Russisch die Soldaten der Roten Armee in Berlin aufforderte, nicht auf unbewaffnete deutsche Arbeiter zu schießen, durfte nicht gesendet werden. Noch im April hatte Präsident Eisenhower in einer »Friedensrede« vor dem Verband amerikanischer Zeitungsverleger angeregt, die Beziehungen zwischen Ost und West auf eine neue Grundlage des Vertrauens zu stellen, und vielen war klar, daß am 17. Juni eine neue sowjetische Führung den Einsatzbefehl für ihre Panzer erteilt hatte, die noch Tage zuvor bereit war, die DDR als Staat komplett zur Disposition zu stellen, wenn dies zu Maßnahmen kollektiver Sicherheit in Europa führen würde.

Adenauer waren diese Zusammenhänge offenbar bewußt. Den Sowjets solle ein Sicherheitssystem angeboten werden, schlägt ihm sein Vertrauter Herbert Blankenhorn unwidersprochen Anfang Juli 1953 vor, wofür

»gewisse Grundelemente bereits in der EVG (der Europäischen Verteidigungsgemeinschaft) enthalten sind«, was nach den Worten des Adenauer-Biographen Hans-Peter Schwarz nichts weniger war als ein Konzept, das »jahrzehntelang vergessen« und erst in den Jahren 1989 und 1990 mit den Zwei-Plus-Vier-Gesprächen wiederbelebt wurde. Die Europäische Verteidigungsgemeinschaft, diktiert Adenauer am 8. Juli in einen Brief an den amerikanischen Außenminister, solle »Ausgangspunkt für ein Sicherheitssystem sein, das die Sicherheitsbedürfnisse aller europäischen Völker, einschließlich des russischen Volkes, berücksichtigt«. Doch niemand konnte damals die sowjetische Führung davon überzeugen, daß die Integration Deutschlands in die westliche Sicherheitsgemeinschaft, verbunden mit einem System allgemeiner Abrüstung und Sicherheit, durch ihren Kontrollcharakter über Deutschland auch eine Sicherheitsgarantie für den Osten gewesen wäre. Dazu war die Zeit erst mit Gorbatschow reif. So blieb es bei Gedankenspielen.

Zwei Systeme – zwei Polizeien. Ein ostdeutscher Volkspolizist und ein Westberliner Schupo 1954 beim AVUS-Rennen. Sie stehen auf einem Bahndamm, der die Grenze zwischen der Sowjetzone und Westberlin bildet. Jeder steht in seinem System, gemeinsam schaut man den Rennfahrern zu.

Der britische Außenminister Anthony Eden hat ähnliche Gedanken im Januar 1954 mit Molotow erörtert. Garantien auf dem Papier reichten gegen ein Wiederaufleben des deutschen Militarismus nicht aus, ist dessen scharfe Antwort, in der noch das Trauma des Hitlerschen Vertragsbruchs vom 22. Juni 1941 seinen Nachhall findet, als Molotow fast fassungslos Hitlers Überfall gegenüber Botschafter Schulenburg mit den Worten kommentiert hatte: »Glauben Sie, daß wir das verdient haben?« Unterm Strich wird in diesem Gespräch mit Eden deutlich, worauf es der Sowjetunion ankommt. Man müsse die Kontrolle über Deutschland behalten, so Molotow, und dazu seien freie Wahlen keine hinlängliche Garantie, denn auch Hitler sei durch freie Wahlen an die Macht gekommen. Wolle man über Deutschland als Ganzes reden, müßten sich die vier Besatzungsmächte erst darüber verständigen, welche Art von Regierung sie dafür vorsehen würden, womit er offensichtlich eine Rückkehr zur Viermächtekontrolle und den direkten Einfluß auf eine künftige gesamtdeutsche Regierung ins Auge faßte. Anthony Eden zieht daraus den Schluß, daß die Sowjets Angst vor Deutschland hätten, aber über keinen realistischen Plan verfügten, wie sie damit fertig werden sollten. Außer durch panische Reaktionen wie am 17. Juni, wenn sie befürchten mußten, einen Teil ihrer Kontrolle zu verlieren – was Ulbricht in der DDR an der Macht gehalten hatte und jeden Fortschritt von Viermächteverhandlungen über Deutschland als Ganzes bereits im Ansatz ausschloß.

John Foster Dulles hat sich durch die Ereignisse des 17. Juni in seiner negativen Einschätzung der sowjetischen Entspannungsofferten bestätigt gesehen, und auch Adenauer verfällt nun plötzlich, selbst wenn er es besser wissen sollte, in die Terminologie des »roll back«, als er im Herbst auf dem Bonner Marktplatz statt einer Wiedervereinigung Deutschlands einer »Befreiung des Ostens« das Wort redet. Es ist die Zeit des ersten Wahlkampfs nach der Gründung der Bundesrepublik 1949. »Ich fürchte«, meint der amerikanische Hohe Kommissar James Conant bereits Ende Juni, »wir werden in Westdeutschland bald eine Menge unrealistischer Diskussionen über die deutsche Wiedervereinigung zu hören bekommen.« Am 3. Juli beschließt der Deutsche Bundestag mit den Stimmen aller Fraktionen außer den Kommunisten, in Zukunft den 17. Juni jedes Jahr als »Tag der deutschen Einheit« zu begehen. Die Parteijugend der FDP findet sich in diesen Tagen zu »Reichstreuekundgebungen« am Zonenübergang Lübeck-Eichholz ein. Alles das kommt Adenauer zugute, der am 1. Juli im Bundestag noch einmal darauf hinweist, wie sehr seiner Ansicht nach die Politik der westeuropäischen Integration, die Wiederbewaffnung und die Wiedervereinigung Teile ein und derselben Politik seien. »Der 17. Juni hat die Fronten begradigt«, schreibt Franz Josef Strauß in seinen *Erinnerungen*, »den Wahlkampf vereinfacht und Adenauers Position gestärkt.« Adenauer konnte ohnehin an das verbreitete Gefühl appellieren, daß es die Westdeutschen unter seiner Führung wieder zu etwas gebracht hatten –

Männer des Tages und Mann mit Zukunft: Bundeskanzler Adenauer (von rechts), Bundespräsident Heuss und Berlins Regierender Bürgermeister Willy Brandt, 1957.

A giant stirs again, eine Riese regt sich wieder, wie es das amerikanische Magazin »Life« im Sommer in einer Titelgeschichte formulierte. Jetzt hatte er auch, nach dem blutigen Ende des Aufstands in der DDR, die nötige Munition in der Hand gegen jene, die wie die SPD in den letzten Jahren immer wieder nach Mitteln und Wegen gesucht hatten, den Kalten Krieg so schnell wie möglich zu beenden. Sein Sieg am 6. September 1953 ist so überwältigend, daß die CDU/CSU die absolute Mehrheit nur um ein Mandat verfehlt. »Die CDU ist Staatspartei geworden«, kommentiert Rudolf Augstein das Wahlergebnis im »Spiegel«: »Noch ein solcher Sieg, und die deutsche Demokratie ist verloren.« In der Bundesrepublik Deutschland hat die eigentliche Adenauerzeit begonnen – ganz geprägt von der machtbewußten Statur eines Mannes, den der Publizist Rüdiger Altmann einmal den »Typ des großen, freilich auch des bloßen Praktikers« nennen sollte. Die Westdeutschen selbst haben sich mit dem gleichen Sinn fürs Praktische schon längst in ihrem amputierten Wunderland einzurichten begonnen.

DIE ADENAUERZEIT

Wir sind wieder wer!

Der 4. Juli 1954 war ein Tag, den besonders die Westdeutschen bis heute nicht vergessen haben. Um 17 Uhr wurde im neu erbauten Berner Wankdorfstadion das Endspiel der Fußballweltmeisterschaft gegen Ungarn angepfiffen, und Deutschland, vertreten durch die westdeutsche Auswahl, war zum ersten Mal nach dem Krieg wieder dabei. Schon in der sechsten Minute setzte Puskás den Ball zum 1:0 ins deutsche Tor. Nur zwei Minuten später erhöhte Czibor zum 2:0. Das Spiel schien schnell entschieden zu sein. Ein Wunder wäre das nicht gewesen. Schließlich war die ungarische Mannschaft unter Kapitän Ferenc Puskás in 28 Spielen in Folge ungeschlagen geblieben und darüber hinaus Olympiasieger. Die Ungarn waren der klare Favorit der Fußballweltmeisterschaft 1954 in der Schweiz. Kaum ein halbes Jahr vorher hatten sie selbst die Engländer auf dem heiligen Rasen des Wembley-Stadions mit einem deutlichen 6:3 schlecht aussehen lassen, und im Viertelfinale in Bern war ihnen Brasilien mit 4:2 unterlegen. Die »magischen Magyaren«, wie man sie nannte, schienen unbesiegbar.

Auch in diesem Endspiel, wie es anfangs aussah. Doch es sollte anders kommen. In der elften Minute kann Max Morlock zum 2:1 aufholen, und in der achtzehnten Minute erzielt Helmut Rahn nach einer Vorlage von Fritz Walter den Ausgleich. Dabei bleibt es bis zur Halbzeit, auch dank der Geistesgegenwart des deutschen Torwarts Toni Turek, der in der 23. Minute einen gefährlichen Direktschuß von Hidegkuti bravourös abfangen kann. Dann die 84. Minute. »Schäfer nach innen geflankt«, beginnt der Radioreporter Herbert Zimmermann. Schließlich, mit zunehmend erhobener Stimme, ins Mikrofon schreiend: »Kopfball! Abgewehrt! Aus dem Hintergrund müßte Rahn schießen. Rahn schießt. TOOOOR! TOOOOR! TOOOR! Tor für Deutschland!« Die deutschen Fans auf den Rängen toben. Noch einmal scheint sich das Blatt zu wenden, blitzschnell, als die Ungarn in der 86. Minute nach einer stürmischen Gegenoffensive den Ausgleich erzielen. Doch der englische Schiedsrichter erkennt auf Abseits. »Aus! Aus! Aus!« schreit vier Minuten später Herbert Zimmermann ins Mikrophon: »Das Spiel ist aus! Deutschland ist Weltmeister,

Linke Seite: Sonnenfinsternis 1954, Vechta, Große Straße. Es ist die Zeit des Babybooms, und für die Zukunft muß man nicht schwarz sehen ...

27. Juni 1955: Die Fußballer Fritz Herkenrath, Helmut Rahn und Heinrich Wewers vom Deutschen Meister Rot-Weiß Essen werden in der Heimatstadt empfangen.

schlägt Ungarn mit 3:2 Toren im Finale in Bern.« Niemand hatte mit diesem Ergebnis gerechnet. Am wenigsten die Westdeutschen. Sie waren bereits im September 1950 in die FIFA aufgenommen worden, anders als der ostdeutsche Fußballverband, der 1954 mit seinem Aufnahmeantrag die Meldefrist für die Weltmeisterschaft um ein Haar verpaßt hatte. Doch niemand hatte ihnen bei diesem Endspiel eine Favoritenrolle zugetraut. Noch während der Halbzeitpause rechnete selbst Sepp Herberger, der Mannschaftstrainer, mit einer Niederlage und tröstete seine Jungs angesichts des großartigen 2:2-Stands mit den Worten: »Selbst wenn ihr jetzt verliert, wird euch niemand einen Vorwurf machen.« Als sie dann doch gewannen, wußte er aber schnell, worin der Grund des deutschen Erfolgs in Wirklichkeit gelegen hatte. »Arbeit, nichts als Arbeit«, so Herberger nach dem Spiel, »bereitete den Weg des Außenseiters Deutschland bis in die vorderste Front der Fußballnationen, bis an die Spitze des Weltfußballs.« Das hätte so auch Adi Dassler sagen können, der Unternehmer, der in diesen Tagen die Grundlagen für sein späteres Weltunternehmen »adidas« legte.

Dasslers neuartige Fußballschuhe hatten keinen unwesentlichen Anteil am deutschen Erfolg in Bern. Der Schaftbereich war weich und flach geschnitten und sorgte so für eine bequemere Beweglichkeit der Füße, worauf besonders Fritz Walter gegenüber Dassler bestanden hatte. In Bern sollten sich besonders die von Dassler erfundenen Schraubstollen zugun-

Helmut Rahn: Der Boß

Helmut Rahn stürmt 1958 in einem Spiel der Oberliga West.

»Ich habe gar nicht gesehen, wohin der Ball ging. Aber ich wußte: Der ist drin. Drinner geht's nicht«, schildert Helmut Rahn »dat entscheidende Tor« im Endspiel der Weltmeisterschaft 1954 gegen die ungarische Nationalmannschaft. Durch das von ihm selbst mit einem Schuß ins linke Eck vollendete »Wunder von Bern« steigt der Stürmer mit dem »enormen Hammer« zu einem der ersten deutschen Idole der Nachkriegszeit auf.

Rahn beginnt 1938 in Altenessen mit dem Fußballspielen. 1951 geht der gelernte Elektriker zu Rot-Weiß Essen und wird im folgenden Jahr von Sepp Herberger ins Nationalteam berufen. Mit Rot-Weiß Essen gewinnt Rahn 1953 den DFB-Pokal und 1955 die Deutsche Meisterschaft. Auch in der Nationalelf ist »der Boß«, wie ihn seine Kollegen rufen, erfolgreich: Er schießt 21 Tore in 40 Länderspielen.

Rahn ist immer für eine Überraschung gut. Bei einer Südamerikatour mit Rot-Weiß Essen lehnt er 1952 ein hochdotiertes Angebot vom Racing Club Buenos Aires ab. Argentinien ist eben »zu weit wech von allem«. Später wechselt der Taubenzüchter dennoch als einer der ersten deutschen Spieler ins Ausland – wenn auch nur ins nahe Enschede in die niederländische Ehrendivision. Nach seiner Rückkehr geht Rahn zum Meidericher SV nach Duisburg – und wird in der neu gegründeten Bundesliga als erster Spieler vom Platz gestellt.

Nach seinem Abschied vom Profifußball betreibt Rahn gemeinsam mit seinem Bruder ein Autohaus. Aus dem öffentlichen Leben zieht er sich zurück. Als Rahn im August 2003 stirbt, stehen seine alten Essener Kumpel immer noch vor der Kirche und reden: »Der Helmut hätte am liebsten gehabt, wenn wir in der ›Friesenstube‹ einen auf ihn getrunken hätten. Und das machen wir jetzt auch. Auf den Friedhof können wir jeden Tag gehen.«

sten der deutschen Mannschaft auswirken. Es hatte am 4. Juli geregnet, und der Boden im Wankdorfstadion war sehr weich. Gyula Groscis, der ungarische Torhüter, hatte den entscheidenden Schuß von Helmut Rahn in der 84. Minute unter anderem deshalb nicht abwehren können, weil er auf dem nassen Rasen ausgerutscht war. Toni Turek hätte das so ohne weiteres nicht passieren können, denn seine Schuhe waren durch Dasslers in variablen Größen anschraubbare Stollen den Gegebenheiten des Bodens weit besser angepaßt als die genagelten Stollen des Ungarn. In Bern siegte

100 Kg

also nicht nur der deutsche Fußballsport, es siegte auch das deutsche »Wirtschaftswunder«.

1954 war es bereits in vollem Gange. »Was machen wir jetzt«, sang Günter Neumann von den Westberliner *Insulanern* in dieser Zeit: »Jetzt kommt das Wirtschaftswunder, / Jetzt kommt das Wirtschaftswunder, / Jetzt gibt's im Laden Karbonaden schon / Und Räucherflunder.« Anfang 1950 hatte Ludwig Erhard vor dem Bundestag vermelden können, daß der Bruttowochenverdienst seit der Währungsreform um fast 40 Prozent gestiegen war, und das bei sinkendem Lebenshaltungsindex. Trotz hoher Arbeitslosigkeit – unter anderem bedingt durch die Zuwanderung von Vertriebenen und Flüchtlingen aus dem Osten – hatte die Zahl der Beschäftigten in Industrie und Handel während der gleichen Zeit um eine Million zugenommen. Besonders die exportorientierten Wirtschaftszweige waren an diesem Aufschwung beteiligt. Im zweiten Halbjahr 1950 war die Industrieproduktion um fast ein Viertel größer als im ersten Halbjahr. Auch mittelständische Spezialbetriebe wie Dasslers Sportschuhfirma spielten dabei zunehmend eine große Rolle.

Hauptsächlich waren es jedoch die Bereiche, in denen bereits das Kaiserreich Weltmarktpositionen erobert hatte, die seit dem Ausbruch des sogenannten Koreabooms Mitte 1950 für eine rapide Zunahme des westdeutschen Exports stehen sollten: Maschinen- und Fahrzeugbau, Feinmechanik sowie Elektrogeräte und die chemische Industrie. Der Koreakrieg und die mit ihm verbundene Aufrüstung trieben die Nachfrage nach deutschen Produkten aus diesen Bereichen sprunghaft in die Höhe, besonders deshalb, weil Westdeutschland als einziges Industrieland des Westens über erhebliche freie Kapazitäten verfügen konnte. Die Verluste durch Kriegseinwirkungen und Demontagen waren verhältnismäßig gering, die Zerstörungen der Infrastruktur und Transportwege weitgehend behoben, und technologisch hatte Deutschland ohnehin kaum einen Rückstand zu verzeichnen. Hinzu kam ein beträchtliches »Humankapital« an gut ausgebildeten und hochmotivierten Arbeitskräften, das durch den Zustrom aus dem Osten eine ständige Erweiterung erfuhr, der sich, nachdem der Aufschwung einmal eingesetzt hatte, kaum noch als Belastung bemerkbar machte. Im Gegenteil – er versorgte den Aufschwung mit Arbeitskräften.

So war es in den ersten Jahren des Koreabooms möglich, mit verhältnismäßig geringen Investitionen in Reparaturen, Anlagenersatz und Anlagenergänzungen kurzfristig enorme Kapazitäten zu mobilisieren, ohne in direkte Kapazitätserweiterungen investieren zu müssen. Das wurde erst ab 1953 notwendig. Entsprechend hoch waren die Gewinne,

Linke Seite: Nürnberg, 1957. Produktion des Zündapp Janus. Das Wunderlichste an diesem Rollermobil sind die Sitzposition und die Anordnung der Türen an Bug und Heck (nicht seitlich).

Heinz Erhardt spielt in mehr als 40 Filmen den gutgelaunten Mann des Wirtschaftswunders.

Heinz Erhardt: Noch'n Gedicht

»Viele betreten die Bretter, die die Welt bedeuten – und merken nicht, daß sie auf dem Holzweg sind«, hat Heinz Erhardt einmal gesagt. Auf diesem Holzweg scheint auch Erhardt lange entlangzulaufen. Denn zunächst sieht es nicht nach einer Karriere für den knapp dreißigjährigen Mann aus, der 1938 in der Musikalienhandlung seines Großvaters in Riga Klaviere und Noten verkauft – zum Traumberuf des Pianisten hat es nicht gereicht. Aber jetzt endlich gelingt ihm mit dem eigenen Unterhaltungsprogramm der Sprung nach Berlin ans renommierte »Kabarett der Komiker«. Seine Qualitäten als Komiker ersparen ihm sogar den Dienst an der Waffe: Als Truppenbetreuer muß er während des Krieges deutsche Landser bei Laune halten.

In den Nachkriegsjahren knüpft er – inzwischen mit seiner Familie nach Hamburg umgezogen – mit Radiosendungen und Bühnenauftritten rasch an die Vorkriegserfolge an. Seine Gedichte und Geschichten treffen den Geschmack des Wirtschaftswunder-Publikums. Erhardt ist ein Wortakrobat und Nonsens-Dichter, ein Kind in einem dicken Mann; er ist ein sanfter Clown, der niemandem weh tut und an keine Wunde rührt. Politisches Kabarett und Bissigkeiten sind nicht seine Welt. Auf die Ansage »Noch'n Gedicht« folgt in der Regel ein liebenswert-skurriler Vers folgender graziler Qualität:

Das Reh springt hoch, das Reh springt weit.
Warum auch nicht – es hat ja Zeit!

Auf die Wortkomik des Spaßmachers sind auch die fast 40 Kinofilme zugeschnitten, in denen Erhardt als dicker Mann gutmütig und gutgelaunt die Wirtschaftswunderwelt bestaunt und sich Überlegungen wie folgende macht: »Für einen Vegetarier ist Fleisch eine verbotene Frucht.«

die zur wichtigsten Quelle investiver Tätigkeit wurden. Der Anteil der Eigenfinanzierung bei der Kapitalbildung lag zwischen 1949 und 1953 viermal höher als in den angeblich »goldenen« zwanziger Jahren zwischen 1926 und 1929. Für die junge Bundesrepublik war das eine solide Basis ihres wirtschaftlichen Erfolgs, der in den fünfziger Jahren zum schnellsten Wachstum führen sollte, das Deutschland jemals verzeichnet hat. Zwischen 1950 und 1956 verdoppelte sich das Bruttosozialprodukt. Bis

Keine reinen Zuschauer: Mitte der fünfziger Jahre werden bei einer Viehauktion die Gebote über Druckknopfkabel abgegeben, hier im südlichen Oldenburg.

1960 stieg es auf das Dreifache an - bei jährlichen Zuwachsraten von um die acht Prozent. Gleichzeitig nahm die Arbeitslosigkeit dramatisch ab, was Ende der fünfziger Jahre sogar zu einem akuten Arbeitskräftemangel, vor allem bei Facharbeitern, führte.

1954, zur Zeit des »Wunders von Bern«, fußte der Optimismus des Wirtschaftswunders bereits auf einem festen Grund. Die Deutschen arbeiteten hart, nicht selten 48 Stunden pro Woche ohne freie Samstage, doch es ging aufwärts, und auch die Gehälter stiegen stetig, was zu einer spürbaren Ankurbelung der Binnennachfrage und der Konsumgüterindustrie führte. Die Miss Germany von 1950, Susanne Erichsen, hatte auf einer Amerikatournee erfolgreich für das deutsche Fräuleinwunder geworben und damit viele Sympathien eingefahren, die nur noch übertroffen wurden durch die Wahl der Kölner Studentin Petra Schürmann zur ersten und bisher einzigen deutschen Miss World 1956. Im August 1955 lief bei Volkswagen der millionste Käfer vom Band, der sich seit 1949 als Exportmodell auch in den USA bewährt hatte und bis heute, wie Erhard Schütz schreibt, »der einzige deutsche Beitrag zu der aus relativ wenigen Elementen bestehenden Globalkultur« geblieben ist, »im Status vergleichbar der Coca-Cola-Flasche oder Disneys Mickey Mouse«. Seit dem 25. September 1952 gab es ein regelmäßiges Fernsehprogramm. Es

Der Wohnungsbau geht in den fünfziger Jahren zügig voran: Flüchtlingsfamilien in Dinklage, Niedersachsen, vor ihren neuen Einfamilienhäusern.

begann die Zeit von Petticoat und Nierentisch, »überall Kurven, Bauchiges, Schwingendes«, so der Kritiker Karl Markus Michel: »Als sollte die böse Zackigkeit von Hakenkreuz, Hitlergruß und SS-Rune durch die Gnade von Käfer, Muschel und Niere vergeben und vergessen werden.« Die Deutschen »waren wieder wer«, was seit 1954 auch daran deutlich wurde, daß die westdeutsche Wirtschaft sich nach einer Rezession in den USA als verläßlicher Stabilitätsanker der westeuropäischen wirtschaftlichen Entwicklung erweisen sollte.

Westdeutsche Befindlichkeiten

In Bern wurde das Ansehen des neuen Staates durch einige Ungeschicklichkeiten nach dem Sieg allerdings erheblich getrübt. Seit Mai 1952 war die dritte Strophe des Deutschlandlieds Nationalhymne der Bundesrepublik geworden. Zu Adenauers frühen internationalen Triumphen hatte es gehört, daß sie im April 1953 während seines ersten Staatsbesuchs in den USA während einer Kranzniederlegung auf dem Heldenfriedhof in Arlington intoniert wurde. Doch die kleine, aber wesentliche Korrektur war in

Reinhard Mohn: Der Buchclub

Reinhard Mohn stellt 1955 seinen Mitarbeitern den Pensionsvertrag vor.

Der Buchhändler und Unternehmer Reinhard Mohn hat Anfang der fünfziger Jahre eine brillante Idee. Sie wird die Grundlage für den Aufstieg seines Bertelsmann Verlages im westfälischen Gütersloh zum größten Buch- und Medienkonzern Europas.

Reinhard Mohn wird im Juni 1921 in Gütersloh geboren, wo sein Vater Heinrich Mohn den Bertelsmann Verlag mit damals 85 Mitarbeitern leitet. Mohn will eigentlich Ingenieur werden, wird eingezogen und gerät in amerikanische Gefangenschaft. Als Leutnant der Luftwaffe ist er in einem Offizierslager in Kansas interniert, wo er Englisch lernt und sich erste Kenntnisse im Management aneignet.

Anfang 1946 kommt Mohn nach Gütersloh zurück. Gemäß dem Wunsch seines Vaters übernimmt er die Leitung des Verlages. Hier setzt er seit 1950 eine aus den USA importierte Idee um: den Bertelsmann-Lesering. Das Geschäftsmodell ist ebenso einfach wie durchschlagend. Das Mitglied zahlt einen festen Jahresbeitrag und wählt alle drei Monate ein Buch aus dem ihm zugesandten Katalog. Kann er sich nicht entscheiden, liefert ihm der Club den Vorzugsband. Die Idee schlägt sofort ein. Bald werden Millionen Bände von Pearl S. Buck, C. C. Bergius oder Karl May in deutschen Schrankwänden stehen.

Es folgt der stetige Aufstieg zum Mediengiganten. Nach einem Jahrzehnt hat der Buchclub bereits 2,5 Millionen Mitglieder. Seit 1958 bereichert eine hauseigene Schallplattenfirma das Angebot. 1962 wagt Mohn den Schritt ins Ausland und gründet in Spanien den Lesering »Circulo de Lectores«. 1970 führt er die Gewinnbeteiligung für Mitarbeiter ein, ein Jahr später folgt die Umwandlung in eine Aktiengesellschaft.

den Köpfen der Kicker noch nicht angekommen, als sie in Bern bei der Siegerehrung unisono und vermutlich ohne weitere Hintergedanken die erste Strophe schmetterten: »Deutschland, Deutschland über alles, über alles in der Welt!« Sie hatten es einmal so gelernt. Fritz Walter, Max Morlock und Werner Kohlmeyer waren bereits Mitglieder der letzten Nationalmannschaft vor Kriegsende gewesen, und den Jüngeren hatte es vermutlich die HJ beigebracht. Sepp Herberger allerdings, der Nationaltrainer aus der Zeit vor und nach 1945 und ehemalige Parteigenosse, hätte es wissen müssen. Es waren mehr als peinliche Minuten. »Die Zehntausende von Deutschen stehen still«, schrieb »Le Monde« über die Stimmung unter den deutschen

Die Capri-Fischer: Kleine Fluchten

Polydor-Autogrammkarte von Rudi Schuricke aus den späten fünfziger Jahren. Da begann sein Ruhm schon zu schwinden.

Eine Blechkarawane aus Deutschland rollt Richtung Italien. Im VW-Käfer, Opel Kapitän, auf Motorrädern und sogar Motorrollern machen sich Millionen Deutsche für zwei Wochen auf den Weg nach Süden. Jahr für Jahr leben mehr Menschen ihre Sehnsucht nach dem »Land, wo die Zitronen blühn«, aus. Die Sehnsucht nach dem neuen gelobten Land besingen auch zahllose Schlager. Einer der ersten – und erfolgreichsten – ist das Lied von den Caprifischern, gesungen von Rudi Schuricke.

Das Lied ist eigentlich ein alter Hut, denn die erste Aufnahme datiert von 1943. Die Musik hat Gerhard Winkler geschrieben, der Text stammt von Ralph Maria Siegel, und Interpretin der Aufnahme ist Magda Hain. Aber der Zeitpunkt der Veröffentlichung ist höchst ungünstig: Als die auf Sizilien gelandeten Amerikaner während ihres Vormarsches auch Capri erobern, verbietet Goebbels, das Lied im Rundfunk zu spielen. Doch nach dem Krieg ist die Ausfahrt der Caprifischer nicht mehr aufzuhalten. Der Schlager wird zum meistgespielten Lied der Zeit und später die musikalische Visitenkarte für ein ganzes Jahrzehnt.

Rudi Schuricke wird so etwas wie der Italiener unter den Nachkriegsinterpreten. Mit Titeln wie »O mia bella Napoli«, »Frauen und Wein«, »Florentinische Nächte«, »Frühling in Sorrent« und dem selbstkomponierten »Tarantella« erobert er immer wieder Spitzenplätze in der Schlagerparade. Seinen ersten Hit kann er aber an emotionaler Bedeutung nicht mehr übertreffen. »Die Caprifischer« ersetzen vielen Daheimgebliebenen eine ganze Urlaubsreise, bis auch sie sich die Fahrt über die Alpen leisten können.

Schlachtenbummlern im Berner Stadion: »Die Musik intoniert *Deutschland, Deutschland über alles.* Die Menge singt mit. Die Erde zittert. Es regnet. (…) Freudestrahlend, jung, begeistert singen sie mit fester Stimme, auf daß die ganze Welt es hört und weiß, daß Deutschland wieder einmal über alles gilt.« Das waren Töne, die man in Adenauers Bundeskanzleramt nur ungern hörte.

Dr. Peter Josef Bauwens, den Präsidenten des DFB, hat das nicht davon abgehalten, sich während des Empfangs der Mannschaft im Münchner Hofbräukeller in eine regelrechte »Sieg-Heil-Rede«, so die »Süddeutsche

Zeitung«, hineinzusteigern. Von einer »Gefahr« der Verweichlichung ist da die Rede, »die wir in den letzten Jahren so oft gehabt haben«, und von Wotan, der der Mannschaft den Fuß geführt habe. Als der Kölner Bauunternehmer »Peco« Bauwens schließlich im Siegesrausch das Führerprinzip hochleben lassen will, steigt der Bayerische Rundfunk aus und dreht die Live-Übertragung ab.

Bauwens war kein Einzelfall. Er war nicht einmal eine besonders belastete Person. 1933 in die Partei eingetreten, war er bald wegen seiner jüdischen Frau wieder ausgeschlossen worden, was ihn nicht daran hinderte, nach deren Selbstmord 1940 weiter Geschäfte mit den Nazis zu machen. Das Nachleben des Nationalsozialismus in der Demokratie, von dem Theodor W. Adorno 1959 sprach, hatte viele Gesichter. Das verräterischste war die Sprache, jene *Lingua Tertii Imperii* (Sprache des Dritten Reiches), wie der Dresdner Romanist Victor Klemperer sie genannt hat, die in den fünfziger Jahren fast unausrottbar schien und unverändert weiter in Festreden landauf, landab zwischen Flensburg und Berchtesgaden zu vernehmen war, selbst wenn der »Führer« als Gegenstand der Huldigung in ihnen nicht mehr vorkam. Unter den Spielern der Berner Elf war es wahrscheinlich Helmut Rahn, der Bergmannssohn aus Essen-Katernberg, dem sie am wenigsten behagte. Er tanzte in München unbekümmert Boogie-Woogie »nach den Klängen einer oberbayerischen Blaskapelle«, wie der eher zurückhaltende Fritz Walter in seinen Erinnerungen nicht ohne Bewunderung berichtet.

Helmut Rahn verkörperte bereits eine neue Generation. Er hatte alle Attribute eines »Halbstarken« an sich, wie man die meist proletarischen Rebellen der frühen Jahre nach dem Kinofilm von 1955 damals nannte. Rahn besaß nicht nur die modische Schmalzlocke, die sie auszeichnete, er teilte auch ihren Hang zu ungezügelter Aufsässigkeit. 1955, er hatte ein paar »Pilsken« zu viel getrunken, setzt er sein Auto in eine Baugrube, legt sich mit der Polizei an und wird zu zwei Wochen Gefängnis verurteilt. 1958 wandert er tatsächlich ins »Kittchen«. Und immer wieder ist er der große Clown. »Der Ball fällt mich vor die Füße, jenau auf'm rechten«, pflegte er über sein entscheidendes Tor zu erzählen, »un in die Sekunde wußt ich jenau, wat jetz passiert. (...) Ich zieh ab mit den linken Fuß, und dat jibt so'n richtig jefährlichen Aufsetzer.« Das sind lässige Sprüche in bester Ruhrpottradition, keine Wotanauftritte wie bei »Peco« Bauwens, fast amerikanisch. Helmut Rahn ist für viele bis heute der beste Fußballer geblieben, den es in Deutschland jemals gegeben hat. Keiner konnte so dribbeln wie er. Damals war er ein Nationalheld, doch es war keineswegs entschieden, ob sich die Westdeutschen eher für seinen zivilen Schnodderton begeisterten oder für die Tatsache, daß sein finaler Schuß von

Der Freidemokrat Reinhold Maier (1880–1971) ist vom 25. April 1952 bis zum 7. Oktober 1953 Ministerpräsident des neuen Bundeslandes Baden-Württemberg.

Reinhold Maier:
Die erste rot-gelbe Koalition

Reinhold Maier ist das Paradebeispiel eines stark regional verankerten liberalen Politikers. Es ist vor allem seinem Prestige zu verdanken, daß sein Landesverband der FDP bis 1968 fast immer Wahlergebnisse von gut 15 Prozent erreicht.

Maier wächst in Württemberg auf, besucht dort Schule und Universität und läßt sich nach vier Jahren Kriegsdienst 1920 in der Landeshauptstadt nieder. Bereits vor dem Ersten Weltkrieg ist er Anhänger des Linksliberalismus und tritt unmittelbar nach Zusammenbruch des Kaiserreiches in die DDP ein. 1924 wird er in Stuttgart Vorsitzender seiner Partei, Anfang 1930 wird er württembergischer Wirtschaftsminister und 1932 Mitglied des Reichstags. Hier begründet er 1933 die Zustimmung der Rest-DDP zum Ermächtigungsgesetz.

Nach der Machtübernahme arbeitet Maier als Rechtsanwalt. Persönlich setzen ihm die Nationalsozialisten schwer zu. Sie nötigen ihn zur Scheidung von seiner mit den zwei Kindern nach England geflohenen jüdischen Frau Gerta. Nach Kriegsende heiraten die beiden zum zweiten Mal.

1945 ernennen ihn die Amerikaner zum Ministerpräsidenten von Nordwürttemberg-Nordbaden. 1946 gewinnt er als Spitzenkandidat der Liberalen die Landtagswahl und kämpft danach für die Gründung des Südweststaates. Als Ministerpräsident des neuen Bundeslandes Baden-Württemberg führt er erstmalig auf Länderebene eine sozialliberale Koalition.

1957 übertrifft die CDU/CSU in der Bundestagswahl ihren Erfolg von 1953. Als der FDP-Vorsitzende Thomas Dehler wegen des schlechten Ergebnisses seiner Partei zurücktritt, wird Reinhold Maier neuer Vorsitzender. Er führt seine Partei bis 1960. Danach gibt er das Amt auf.

Bern ihnen eine wenigstens symbolische Genugtuung für die Niederlage von 1945 verschafft hatte.

Für beides gab es damals eine Konjunktur. Nach einer Meinungsumfrage vom Juli 1952 hatten 37 Prozent immer noch eine gute Meinung von Hermann Göring und 24 Prozent ein im Kern positives Bild von Adolf Hitler. 42 Prozent der Deutschen waren der Ansicht, die Jahre 1933 bis 1939

Zigarrenraucher und Männer des Wirtschaftswunders: Bundeswirtschaftsminister Ludwig Erhard, Autobauer Carl Borgward und Bundespräsident Theodor Heuss (von links).

seien die besten ihres Lebens gewesen. »Der Nationalsozialismus lebt nach«, stellte Theodor W. Adorno noch 1959 fest, »und bis heute wissen wir nicht, ob bloß als Gespenst dessen, was so monströs war, daß es am eigenen Tode noch nicht starb, oder ob es gar nicht erst zum Tode kam.« Im Herbst 1953 hatte Adenauer nach den gewonnenen Bundestagswahlen mit Werner Kraft und Theodor Oberländer vom Bund der Heimatvertriebenen und Entrechteten (BHE) zwei prominente ehemalige Nazis ins Kabinett aufgenommen. Kraft war ein ehemaliger Ehrenhauptsturmführer der SS, Oberländer Teilnehmer des Münchner Hitlerputschs von 1923 und später SA-Hauptsturmführer sowie Gauamtsleiter der NSDAP. Als »Ostforscher« hatte er ohne Zweifel zum harten Kern der völkischen Wissenschaft des NS-Regimes gehört. Adenauer wußte genau, daß er sich hier einen Vogel ins Nest gesetzt hatte, der »braun, sogar tiefbraun« war. Doch er brauchte die Vertriebenenpartei, um sich stabile Mehrheiten im Parlament zu sichern, und so setzte er sich selbst über die Kritik aus den Reihen der eigenen Fraktion bedenkenlos hinweg.

Der Anfang 1950 in Kiel gegründete BHE war besonders unter den vielen Vertriebenen, die es nach Schleswig-Holstein verschlagen hatte, schnell zu Einfluß gekommen. Im Juli 1950 war er mit 23,4 Prozent der Stimmen in den Landtag eingezogen und stellte auch den Ministerpräsidenten. Bei der Bundestagswahl 1953 erreichte der BHE 7 Prozent. Adenauer nahm die Vertriebenenpartei vor allem deshalb in sein Kabinett auf, um sich bei den bevorstehenden Debatten über die Wiederaufrüstung eine

Herbert von Karajan während seines Engagements an der Mailänder Scala, um 1948. Zu dieser Zeit beginnt seine eigentliche Karriere.

Furtwängler und Karajan: Kunst und Politik

Am 30. November 1954 stirbt in Ebersteinburg einer der größten und umstrittensten deutschen Dirigenten des 20. Jahrhunderts: Wilhelm Furtwängler. Sein Nachfolger als künstlerischer Leiter der Berliner Philharmoniker wird ein halbes Jahr später das ehemalige NSDAP-Mitglied Herbert von Karajan.

Wilhelm Furtwängler kann sich nach dem Krieg nicht vollständig rehabilitieren. Hitlers »gehätschelter Maestro«, wie ihn Erika Mann nennt, verabscheut das Nazi-System; doch er dient ihm objektiv als herausragender Repräsentant deutscher Kultur. Obwohl er mehrfach die Gelegenheit hat, das Land zu verlassen, bleibt Furtwängler in Berlin, um, wie er sagt, »eine künstlerische Aufgabe zu erfüllen und sich um die Musik zu kümmern«. Nach dem Krieg beteuert er wieder und wieder, er habe stets allein für die Kunst gestanden. Gleichzeitig pocht er auf seinen Ausnahmestatus: »Als Musiker bin ich mehr als ein Bürger.« Er will oder kann nicht erkennen, daß jede Mitarbeit an exponierter Stelle ein Bekenntnis zum nationalsozialistischen System war. Wie Gustaf Gründgens oder Heinrich George war er ein Repräsentant der Herrschenden.

Auch Karajan ist kein überzeugter Nationalsozialist. Er ist in erster Linie ein enorm talentierter Musiker, der zur Förderung seiner Karriere das Parteibuch annimmt. Der Beitritt zur NSDAP erleichtert ihm den Weg: Er wird Erster Kapellmeister am Stadttheater Ulm, dann Generalmusikdirektor in Aachen und feiert während des Krieges mit der Berliner Staatskapelle Triumphe.

Die Alliierten sprechen sowohl gegen Karajan als auch Furtwängler 1946 ein Berufsverbot aus. Für beide Dirigenten wird es schon im folgenden Jahr wieder aufgehoben.

verfassungsändernde Zweidrittelmehrheit zu sichern, zumal das Bundesverfassungsgericht noch nicht über die Verfassungsmäßigkeit eines Wehrbeitrags entschieden hatte und ein für die Ziele der Regierung günstiger Ausgang des Verfahrens keineswegs sicher war.

Adenauer erkaufte sich diese Mehrheit mit der öffentlichen Sanktionierung einer Haltung, die der Philosoph Hermann Lübbe später einmal »kommunikatives Beschweigen« nennen sollte. Über bestimmte Dinge, die

Mercedes 300 SL Cabrio vor einer Mercedes-Werkstatt in Vechta. Das schwarze Kennzeichen zeigt, daß der Wagen 1954 zugelassen wurde.

jeder wußte, wurde öffentlich so wenig wie möglich geredet. Es herrschte, so Lübbe, eine »gewisse Stille«, besonders wenn es um die persönliche Verantwortung lebender Personen zur Zeit des NS-Regimes ging. Kaum jemand hätte es gewagt, öffentlich das NS-Regime als solches zu rechtfertigen, doch es gab eine geradezu inflationäre Überproduktion von Beteuerungen, man selbst habe »nichts gewußt« oder sei eigentlich dagegen gewesen, jedenfalls gegen die Auswüchse. Auch Oberländer rechtfertigte sich damit, daß er die NS-Politik gegenüber den Ostvölkern öfters kritisiert und sich selbst damit gefährdet habe. »Wer sich keine unnützen Gedanken macht, streut keinen Sand ins Getriebe«, kommentierte Adorno solche Haltungen, die für die Adenauer-Zeit der fünfziger Jahre typisch werden sollten.

Am 11. Mai 1951 war das Ausführungsgesetz zu Artikel 131 des Grundgesetzes in Kraft getreten. Viele ehemalige Nationalsozialisten, die nach 1945 aus dem öffentlichen Dienst entfernt worden waren, durften mit dieser Entscheidung in ihre früheren Positionen zurückkehren. Besonders beim Neuaufbau des Auswärtigen Amts wurde dies zu einem Thema, das

Plakat des Bundes der Heimatvertriebenen und Entrechteten. Hinter dem Etikett der Entrechteten verbirgt sich die Zielgruppe ehemaliger Nationalsozialisten. Im Juli 1950 wählen in Schleswig-Holstein 24 Prozent den BHE.

Theodor Oberländer: Eine rechte Karriere

Stationen einer Karriere: Gymnasium in Meiningen, Studium der Agrarwissenschaft und Nationalökonomie in München, Berlin und Königsberg, zum Abschluß zwei Doktortitel. Nach der Machtübernahme treffen Gesinnung und Karriere zusammen. Im Mai 1933 Eintritt in die NSDAP, danach Aufstieg zum SA-Obersturmbannführer in Pommern. Im Januar 1941 meldet das NS-Gauorgan aus dem Sudetenland: »Prof. Dr. Theodor Oberländer ist zum Dekan der rechts- und staatswissenschaftlichen Fakultät (Prag) ernannt worden.« Der erfolgreiche Doktor ist gerade 35 Jahre alt.

1950 gründet Oberländer nach einer FDP-Mitgliedschaft mit Gesinnungsgenossen den rechten »Bund der Heimatvertriebenen und Entrechteten« (BHE) in Bayern. 1950 zieht er in den bayerischen Landtag ein, wechselt 1955 in die CDU und ist unter Adenauer sieben Jahre Bundesminister für Vertriebene, Flüchtlinge und Kriegsgeschädigte. 1960 tritt er zurück, als der Verdacht laut wird, er sei an Pogromen im Raum Lemberg beteiligt gewesen. In der DDR wird er in Abwesenheit zu lebenslanger Haft verurteilt. Später stellt sich heraus, daß er zwar Antisemit und Antibolschewist, aber eben kein aktiver Mörder war.

Bis zu seinem Tod 1998 arbeitet diese »Symbolfigur für die Ewiggestrigen« (»Der Spiegel«) als Publizist. Anfang der achtziger Jahre unterzeichnet er das »Heidelberger Manifest« (Thomas Urban in der »SZ« am 24. 11. 2000), in dem es unter anderem heißt: »Mit großer Sorge beobachten wir … die Überfremdung unserer Sprache, unserer Kultur, unseres Volkstums … Die Integration großer Massen nichtdeutscher Ausländer ist bei gleichzeitiger Erhaltung unseres Volkes nicht möglich.« Im Juni 1986 verleiht Ministerpräsident Franz Josef Strauß an Theodor Oberländer »als Zeichen ehrender und dankbarer Anerkennung« den Bayerischen Verdienstorden.

Adenauer nur schwer mit dem Hinweis vom Tisch wischen konnte, die »wirklich üblen Nazi-Elemente« würden ferngehalten, im übrigen müsse man aber darauf achten, daß »die Maschine laufen« könne. Im Auswärtigen Dienst, so der stellvertretende französische Hochkommissar Armand

Bérard, gebe es 43 ehemals aktive SS-Mitglieder und 17 frühere Angehörige von SD oder Gestapo. Insgesamt seien 62 von hundert Beamten des AA nach 1945 in die Belastungskategorien 3 oder 4 eingestuft worden, auch wenn sein Vorgesetzter André François-Poncet die Meinung vertrat, es handle sich dabei hauptsächlich um *Arrivisten*, also Menschen, die sich im Prinzip jedem Regime zur Verfügung stellen würden. Im Oktober 1951 beschäftigte sich auf Antrag der SPD ein Untersuchungsausschuß des Bundestags mit dem Thema.

Die Deutschen hatten die Urteile des Nürnberger Internationalen Militärtribunals gegen die Hauptkriegsverbrecher nicht nur hingenommen, sondern nach der Katastrophe des Krieges auch größtenteils als verdient empfunden. Doch schon bei den Folgeprozessen gegen Industrielle und Diplomaten war die Stimmung umgeschlagen, besonders, nachdem am 14. April 1949 die letzten Urteile gegen Diplomaten der früheren Berliner Wilhelmstraße verkündet worden waren. Das war zur Zeit der Berlin-Blockade, die auch den britischen Militärgouverneur Robertson dazu veranlaßte, das *Foreign Office* angesichts der prekären internationalen Lage vor allzu scharfen Maßnahmen bei weiteren Kriegsverbrecherprozessen zu warnen.

Im August 1949 stand Generalfeldmarschall Erich von Manstein vor einem britischen Militärgericht in Hamburg. Ohne Zweifel waren ihm schwere Kriegsverbrechen wie die Mißhandlung von Kriegsgefangenen, die Hinrichtung von Geiseln und sowjetischen Kommissaren sowie Übergriffe gegen die Zivilbevölkerung vorzuwerfen. Doch Manstein findet prominente Unterstützer, unter ihnen Winston Churchill, der angesichts der Berlin-Krise zu der Überzeugung gekommen ist, abgesehen von einigen außergewöhnlichen Fällen solle man mit einem »Schwamm über die Verbrechen und Schrecken des Krieges« wischen, »so schwer einem das auch fallen mag«. Manstein wird erst zu achtzehn, dann zu zwölf Jahren Haft verurteilt. Während seiner Haft in Werl gibt er im April 1952 dem »Daily Telegraph« ein Interview zum Thema Wiederbewaffnung der Bundesrepublik. 1953 ist er wieder frei. Am Ende dieses Jahres empfängt ihn Konrad Adenauer im Palais Schaumburg.

Die deutsche Öffentlichkeit hat sich auf eine Sprachregelung eingelassen, bei der ein deutlicher Trennungsstrich zwischen der »sauberen« Wehrmacht und der »verbrecherischen SS« gezogen wurde. Und selbst davon wurde die Waffen-SS zunehmend ausgenommen, indem man sie verharmlosend immer mehr zu einer Art viertem Wehrmachtsteil erklärte. Daß aber die Wehrmacht selbst, spätestens seit dem Rußlandfeldzug, zunehmend mehr zu einer nationalsozialistischen Armee geworden war, die sich aktiv in Kriegsverbrechen verstrickte, wollte in den frühen fünfziger

Fan-Postkarte der 15jährigen Romy Schneider für den Film »Feuerwerk« aus dem Jahr 1953.

Romy Schneider: »Ich kann nichts im Leben, aber alles auf der Leinwand«

1955 dreht Ernst Marischka mit der sechzehnjährigen Romy Schneider und dem zehn Jahre älteren Karlheinz Böhm »Sissi. Mädchenjahre einer Kaiserin«. Wenig später folgen »Sissi, die junge Kaiserin« sowie »Sissi. Schicksalsjahre einer Kaiserin«. Die erfolgreiche Trilogie macht Romy Schneider berühmt. Sie aber haßt die populäre Rolle und noch mehr das mit ihr verbundene Image als süßes Mädel: »Die Sissi pappt mir an wie Grießbrei.«

Während der Dreharbeiten zu einer Neuverfilmung von Schnitzlers »Liebelei« verliebt sie sich in den Schauspieler Alain Delon und geht mit ihm nach Paris. Euphorisch schreibt sie: »Ich will ganz französisch sein: in der Art, wie ich lebe, liebe, schlafe und mich anziehe.« Mit ihrer Karriere ist es zuerst einmal vorbei: »In Deutschland war ich abgeschrieben, in Frankreich noch nicht angeschrieben. Ich war bekannt als lebenslustige Begleiterin des kommenden Weltstars Alain Delon.«

Aber sie setzt sich durch. 1961 arbeitet sie mit Luchino Visconti. Mit Kafkas »Prozeß« in der Regie von Orson Welles überzeugt sie auch in Deutschland. 1962 dreht sie in Hollywood. 1971 schreibt »Paris Match«: »Vierzig Jahre nach Greta und Marlene, fünfzehn Jahre nach Marilyn hat die Leinwand wieder einen großen Star.«

Weniger Fortune hat Romy in ihrem Privatleben. Die Beziehung zu Delon scheitert ebenso wie ihre beiden Ehen. Und dann verunglückt im Juli 1981 ihr Sohn David tödlich. Schon lange nimmt sie Schlaf- und Aufputschmittel. Sie trinkt zuviel. Im Mai 1982 stirbt Romy Schneider in ihrer Pariser Wohnung. »Natürliches Ableben durch Herzinfarkt«, heißt es in der Sterbeurkunde. »Aber«, fragt Magda Schneider, die Mutter, »was um Himmels willen ist natürlich am Tod einer schönen jungen Frau von 43 Jahren?«

Jahren kaum jemand wissen. »Noch die psychologischen Mechanismen in der Abwehr peinlicher und unangenehmer Erinnerungen dienen höchst realitätsgerichten Zwecken«, kommentiert Adorno die funktionale Ratio dieses Zeitgeists: »Die Abwehrenden selbst plaudern sie aus, wenn sie etwa praktischen Sinnes darauf hinweisen, daß die allzu konkrete und

Peter Frankenfeld: Der Mann im karierten Jackett

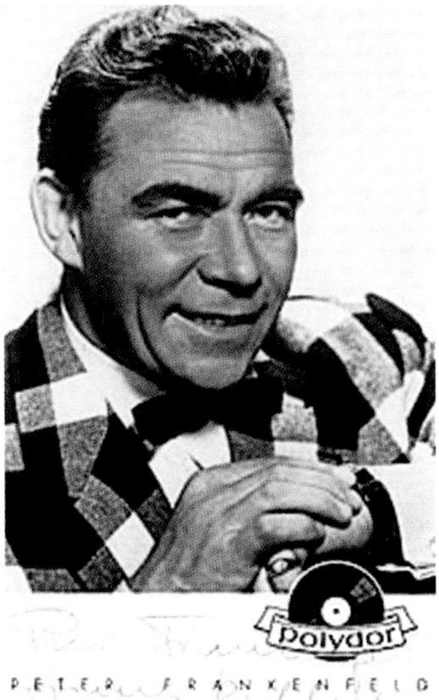

Signierte Polydor-Autogrammkarte von Peter Frankenfeld, natürlich im karierten Sakko.

Als Pionier der bundesdeutschen Fernsehunterhaltung ist Peter Frankenfeld einer der populärsten TV-Moderatoren der sechziger und siebziger Jahre. »Aller Unfug ist schwer«, lautet eines seiner Bonmots. Er konzipiert seine Sendungen fast allein und schreibt die meisten Gags selbst.

Peter Frankenfeld muß hart für den Erfolg arbeiten. Nachdem er das Gymnasium ohne Abschluß abbricht, schlägt er sich mit Gelegenheitsarbeiten durch. Er ist Zauberer in einem Wanderzirkus und Hotelboy, Vertreter und Dekorateur. Später tritt er als Steptänzer auf und präsentiert kleine Kabarettnummern. Die bringen ihm Mitte der dreißiger Jahre erste Erfolge und ein Engagement am renommierten »Kabarett der Komiker« ein.

Während des Krieges arbeitet Frankenfeld als Truppenbetreuer und Funker. Dann gerät er in US-Gefangenschaft. Das ist Glück im Unglück. Denn nach dem Krieg engagieren ihn die Amerikaner für Auftritte in ihren Offiziersmessen.

Die amerikanische Entertainmentkultur prägt auch das Konzept seiner Quizshows, die er seit 1948 im Rundfunk präsentiert. Mit »Schöne Bescherung« wagt er den Sprung ins junge Medium Fernsehen. Bundesweit bekannt wird er 1954 durch die Quizshow »1:0 für Sie«, in der er zum ersten Mal das großkarierte bunte Jackett trägt, sein späteres Markenzeichen.

Frankenfeld begeistert beinahe 25 Jahre lang ein Millionenpublikum. Durch seine Show »Vergißmeinnicht« gewinnt er eine riesige Fangemeinde und spielt Millionen für die »Aktion Sorgenkind« ein.

hartnäckige Erinnerung ans Geschehene dem deutschen Ansehen im Ausland schaden könne.« Solche Worte waren in der Tat oft zu hören.

Dabei ging es auch um das Thema einer deutschen Kollektivschuld. Die Deutschen hatten nicht nur zugelassen, daß Hitler an die Macht kam, sie hatten ihn in ihrer Mehrheit auch lange Zeit unterstützt. Nur allzugern hätten viele sich nach dem Krieg in einem anderen Licht gesehen. Sie waren auf der Suche nach positiven Traditionen und fanden sie, zumindest teilweise, in den Männern des Widerstands gegen Hitler vom 20. Juli 1944 –

Hans Globke:
Der Allertüchtigste

Hans Josef Maria Globke, seit 1953 Staatssekretär im Kanzleramt und Berater von Kanzler Konrad Adenauer, ist in den fünfziger Jahren eine Symbolfigur der unbewältigten Vergangenheit. 1936 hat der Jurist als Ministerialbeamter im Reichsinnenministerium zusammen mit einem Kollegen den wichtigsten Kommentar zu den Nürnberger (Rasse-)Gesetzen verfaßt. Roland Freisler, der später berüchtigte Präsident des Volksgerichthofes, ist voll des Lobes: »Der Kommentar kann wohl in keiner juristischen Handbücherei fehlen.«

Für Adenauer ist Globke schnell unentbehrlich: »Ich kann nicht sagen, daß ich in der langen Zeit meiner öffentlichen Tätigkeit kaum jemals einen Beamten kennengelernt habe, der mit gleicher Pflichttreue und gleicher Objektivität seines Amtes waltet wie Herr Globke.« Thomas Ramge schreibt über ihn: »An Fleiß und Loyalität war der Staatssekretär nicht zu übertreffen. ›Reden Sie mit dem Herrn Globke …‹ wurde zur Standardantwort Adenauers, wann immer jemand ein kompliziertes Problem an ihn herantrug.«

Die Angriffe von Globkes Gegnern gehen oft ins Leere. Denn Globke ist kein Mörder. Er ist »nur« Autor eines rassistischen Kommentars. Und sofort nach dem Krieg setzt er sich für eine Aussöhnung mit Israel ein. Er ist mitgelaufen wie so viele. Ein jüdischer Journalist mit dem berühmten Namen Karl Marx schreibt: »Alle Parteien haben doch längst ihre Globkes.«

um so leichter, als es sich dabei zumeist um preußische Militärs und Beamte gehandelt hatte. »Diesen Blutzeugen der Menschlichkeit, Vertretern des deutschen Volkes, hat es Deutschland in erster Linie zu danken, wenn es den Satz von der *Kollektivschuld aller Deutschen* ablehnen darf«, meinte der CDU-Bundestagspräsident Eugen Gerstenmaier im März 1953 in einer Rede vor dem Parlament. Er hatte selbst, »mit Bibel und Pistole«, zum Widerstandskreis des 20. Juli gehört und war deshalb vom Volksgerichtshof ins Zuchthaus gesteckt worden. Männer wie er standen für eine positive Tradition, auf die sich die offizielle Bundesrepublik in diesen Jahren immer öfter berufen sollte. »Aber«, und diese Einschränkung Gerstenmaiers in der gleichen Rede vor dem Bundestag wurde oft ebenso gern überhört, »ihre Schar ist bei weitem nicht groß genug, um den anderen Satz von der *Kollektivunschuld* aufstellen zu können.« Gerstenmaier wies also jeden Versuch einer kollektiven Weißwaschung ausdrücklich zurück. Nur »rührende Weltfremdheit und dreiste Vergeßlichkeit«, so Gerstenmaier im März 1953, könnten so tun, als ob die Deutschen mit ihrer Aufarbeitung der Vergangenheit bereits »über den Berg wären«.

Rekruten des Bundesgrenzschutzes ziehen in eine Kaserne in Deggendorf ein. Der BGS ist in den Anfangsjahren mehr militärisch als polizeilich organisiert. Die Bundeswehr übernimmt 1956 die Mehrzahl der BGS-Beamten.

Sie waren es bei weitem nicht. Der FDP-Politiker Erich Mende beispielsweise bezeichnete den in Werl als Kriegsverbrecher inhaftierten Erich von Manstein gern als den größten lebenden Militärstrategen. Er, selbst Ritterkreuzträger, hatte wie viele andere auch keine Schwierigkeiten, in Hitlers Europaparolen aus dem Zweiten Weltkrieg zumindest die Teilwahrheit zu erkennen, die sich auf den damit verbundenen Kreuzzug gegen den Bolschewismus bezog. Er war, das hatte die Eskalation zum Kalten Krieg und vor allem die amerikanische Entscheidung zur Wiederbewaffnung Deutschlands bewiesen, offensichtlich nicht ganz falsch gewesen, auch wenn er von terroristischen Zügen und großen Verbrechen begleitet war. Die Bundesrepublik erschien in dieser Perspektive wie das konservative Erbe eines vorübergegangenen gewaltsamen Pendelausschlags im unaufhaltsamen Strom der Geschichte.

Die Epoche der Weltkriege, meinte Hans Freyer 1954 in seiner *Weltgeschichte Europas*, sei der »Transformator« gewesen, »in dem die Weltgeschichte Europas in eine Weltgeschichte der ganzen Erde umgeschaltet wurde«. Das ist im Ergebnis zwar keine falsche Feststellung, doch der konservative Revolutionär aus der Zeit vor 1933 fragt dabei in bester Tradition des deutschen Konservatismus kaum noch nach dem Schicksal der damit verbundenen Opfer. Wir, die Zeitgenossen, sind als Ergebnis dieser

Horst Buchholz in Georg Tresslers Film »Die Halbstarken«, der ihn bekannt macht.

Horst Buchholz: Alles schon gesehen

Viele deutsche Schauspieler haben von Hollywood geträumt, nur wenige können sich in der Traumfabrik durchsetzen. Horst Buchholz ist einer von ihnen: »Karriere kam klotzig über mich«, sagt er einmal im Rückblick.

Der Schuhmachersohn aus dem Berliner Arbeiterbezirk Prenzlauer Berg ist einer der »jungen Wilden« des Nachkriegsfilms. Mit »Die Halbstarken« gelingt ihm 1956 der Durchbruch. Die »FAZ« charakterisiert ihn als »empfindsam in der Seele, großkotzig und scheinbar durch nichts zu erschüttern in seinen Manieren«. Es folgt 1957 die Thomas-Mann-Verfilmung »Die Bekenntnisse des Hochstaplers Felix Krull« und drei Jahre später der Hollywood-Western »Die glorreichen Sieben« an der Seite von Yul Brynner und Steve McQueen. Danach spielt er in Billy Wilders großartiger Ost-West-Satire über das geteilte Berlin: »Eins, zwei, drei«. Der spätere Kultfilm kommt kurz nach dem Mauerbau in die Kinos und fällt glatt durch: Den Deutschen ist momentan nicht nach Witzen über Sowjets und Amerikaner zumute.

Horst Buchholz hat das Zeug zu einer großen Karriere. Doch er steht sich selbst im Wege. Engagements wie für Viscontis »Il Gattopardo« (Der Leopard) lehnt er aus einer Laune heraus ab. Elia Kazan erteilt er ebenso eine Abfuhr wie Federico Fellini. Das Fernsehen hilft ihm mit Auftritten in Serien wie »Derrick« über den Karriereknick hinweg. 1980 übernimmt er die Moderation der »Astro-Show«, die schon nach der fünften Sendung eingestellt wird.

»Transformation« in einer neuen Epoche angelangt und müssen feststellen, daß die »Kraft« Europas, »keineswegs verausgabt, die Tragweite seines Ansatzes« auch »in den größeren Dimensionen der zukünftigen Weltgeschichte« keineswegs erschöpft ist. Allein das zählt.

Rechte Seite: Besuch von Bundespräsident Theodor Heuss in Münster 1953. Heuss wird im Dezember 1948 zum ersten Parteivorsitzenden der Freien Demokratischen Partei (FDP) gewählt.

Das Europa der frühen fünfziger Jahre war konservativ wie seine führenden Köpfe – der deutsche Christdemokrat Adenauer, der im annektierten Metz als deutscher Staatsbürger aufgewachsene Franzose Robert Schuman und der Italiener Alcide De Gasperi aus Trient, der noch

Unmittelbar nach dem Krieg wird Hans Scharoun von den Alliierten zum Stadtbaurat und Leiter der Abteilung Bau- und Wohnungswesen des Magistrats von Berlin ernannt.

Hans Scharoun:
Steinerne Schiffe. Stadtlandschaften

Hans Scharoun (1893–1972) wächst in Bremerhaven auf. Seine Bauten verweisen im Detail immer wieder auf die Formen von Schiffen, die er schon als Junge an den Kais seiner Heimatstadt bewundert. Bereits mit 14 Jahren hält Scharoun einen Vortrag über modernes Bauen. Als Gymnasiast schlägt er ziemlich respektlos vor, den Hafen zuzuschütten, um dort in einer Grünanlage das Rathaus zu errichten. Noch vor dem Abitur entwirft er eine Kirche.

Er wird ein höchst eigenwilliger Architekt. Weite Flächen, runde Horizonte, Bullaugenfenster, Stahltreppen, bugförmige Wölbungen und relingartige Geländer: Überall in Scharouns Architektur stecken Anspielungen auf die maritime Welt.

Nach Kriegsende wird Scharoun erster Stadtbaurat von Berlin. In seinem Plan zum Wiederaufbau skizziert er eine völlig neue Stadt. Sein Berlin soll »wie Wald, Wiese, Berg und See in einer schönen Landschaft« wirken. Scharoun will das Zentrum in einen Park verwandeln. Offene Räume sollen die alte Enge vergessen lassen. Aber in einer Zeit, in der es um die Beseitigung der Trümmer und den schnellen Bau von Unterkünften geht, findet seine eigensinnige Architektur natürlich keinen Anklang.

Nach einem Jahr tritt Scharoun vom Amt des Stadtbaurats zurück.

Sein Meisterwerk wird die Philharmonie auf dem Kulturforum nahe dem zerstörten Potsdamer Platz. Wo Musik zu hören ist, so der Architekt, rücken Menschen in einem Kreis zusammen. Deshalb wählt er für den Konzertsaal die Form eines Oktaeders mit rings um das Orchester angeordneten Sitzplätzen.

Im Oktober 1963 wird die Philharmonie mit ihrer golden schimmernden Außenhaut eingeweiht. Neun Jahre später stirbt Scharoun. Die Eröffnung der von ihm geplanten weitläufigen Staatsbibliothek mit ihren zahlreichen Ebenen erlebt er nicht mehr.

zu k.u.k.-Zeiten in Wien studiert hatte und seit 1911 Mitglied des österreichisch-ungarischen Reichsrats gewesen war. Sie waren »alte Männer« und hatten ihre entscheidenden Lebensprägungen bereits in der Zeit vor der großen europäischen Katastrophe des Ersten Weltkriegs erfahren. Auch im Gegensatz zum aktivistischen Jugendkult von Nationalsozialis-

mus und Faschismus hatten sie ein klares oder verklärtes Bild der Beziehung von Europa und christlichem Abendland, das in seinen besten Tagen vom Unheil nationalistischer Verwerfungen noch nichts gewußt hatte.

Der Schweizer Vico Torriani ist in den fünfziger und sechziger Jahren ein Star in der Bundesrepublik. Film-Premierenfeier in der Bar »Lichtburg« in Essen, April 1953.

Das war auch die Botschaft des vielbeachteten Buchs *Europäische Literatur und lateinisches Mittelalter* des Bonner Romanisten Ernst Robert Curtius von 1948 gewesen. Es ist der große Entwurf einer europäischen Tradition, der sich bewußt von der Verklärung des germanischen Erbes der Welfen und Staufer durch die Nazis absetzt, ein »Gegenbuch gegen die Stunde Null von 1933, gegen das Jahr des Unheils«, wie Elisabeth Endres bemerkt hat. Aber es ist auch ein konservatives Buch, das ein Loblied auf die statische Welt des Mittelalters singt, dem die gefährliche Nervosität der Moderne noch fremd war.

Dieses Europa des lateinischen Mittelalters hatte seine Kernlande im Westen, die sich nun einer erneuten Bedrohung aus dem Osten ausgesetzt sahen. Es war Adenauers Europa, zu dem auch das westliche Deutschland gehörte. »Wie vor 700 Jahren und früher«, hatte er bereits in den vierziger Jahren gesagt, müsse man davon ausgehen, daß »das östliche Deutschland vom westlichen Deutschland her von neuem kultiviert werden muß, und

Die documenta
Picasso und andere »Scheußlichkeiten«

In der notdürftig reparierten Ruine des 1941 zerbombten klassizistischen Museums Fridericianum in Kassel eröffnet, quasi als Begleitveranstaltung der Bundesgartenschau, im Sommer 1955 eine Kunstausstellung. Die documenta zeigt 670 Werke des 20. Jahrhunderts von 148 Künstlern aus 13 Ländern.

Die Idee zu der Ausstellung stammt von dem in Kassel geborenen Maler Arnold Bode. »Nie ließ er sich entmutigen«, rühmt ihn der Münchner Akademiepräsident Wieland Schmied, »durch Fakten schon gar nicht.« Er und seine Museumskollegen wollen den Deutschen zeigen, welche Stile und Künstler ihnen während der Nazi-Jahre vorenthalten worden sind – und 162 Leihgeber aus aller Welt unterstützen das ehrgeizige Projekt.

Das MoMA in New York stellt Picassos »Mädchen vor dem Spiegel« und Henri Matisses »Rotes Atelier« zur Verfügung. Französische Museen schicken kubistische Arbeiten von Braque, Picasso und Léger. Der britische Bildhauer Henry Moore gibt seine Gruppe »König und Königin« frei. Sammler unterstützen die Kuratoren mit Werken von Ernst Ludwig Kirchner, August Macke und Karl Schmidt-Rottluff. Der Galerist Günther Franke sendet Gemälde von Max Beckmann, Wassily Kandinskys Witwe Nina zwölf Werke aus dem Nachlaß ihres Mannes nach Kassel. 139 zumeist abstrakte Arbeiten kommen direkt aus den Ateliers der Künstler.

Die Ausstellung ist eine Sensation, der Zuspruch riesig. In nur neun Wochen, vom 15. Juli bis zum 18. September, kommen 130000 Besucher zur documenta 1. Und kein Besitzer vieler heute unbezahlbarer Werke nimmt Anstoß daran, daß seine Schätze zwei Monate in einem Provisorium ohne Klimagerät und Luftbefeuchter zugebracht hat.

zwar in wirtschaftlicher und in geistiger Hinsicht«. Deutschlands Westen war in dieser Perspektive zur Speerspitze einer neuen »Mission des Abendlandes« geworden, Adenauer nach den Worten des Philosophen Karl Jaspers der »führende Staatsmann des Abendlandes«.

Vielen erschien dies damals als ein befremdlicher Restaurationsgeist. »Es kommen härtere Tage«, dichtete Ingeborg Bachmann 1953: »Die auf Widerruf gestundete Zeit / wird sichtbar am Horizont.« Sie hatte in diesem Jahr den Literaturpreis der Gruppe 47 erhalten, die sich nach ihrer Gründung im September 1947 im Allgäu schnell zu einer kritischen geistigen Instanz entwickeln sollte. 1951 war der junge Heinrich Böll mit seiner Erzählung *Die schwarzen Schafe* der Preisträger gewesen, 1955 folgte Martin Walser, und 1958 stand Günter Grass' *Blechtrommel* im Mittelpunkt. Ihnen

allen gemein waren die Ablehnung des Pathos großer Worte und das Bedürfnis, mit einer neuen Sprache die Brüchigkeit der westdeutschen Nachkriegsbefindlichkeit einzufangen. Bölls Erzählung taucht unmittelbar ein in die Firniswelt des Wirtschaftswunders - »Rauchtische, Nähtische, winzige Kommoden, kunstvoll bepinselte kleine Stühlchen« -, Grass' Roman, der seinen Ruf begründen sollte, ist ein satanisches Schelmenbuch aus den grotesken Zeiten des Tausendjährigen Reiches.

Auf dem Spielplatz eines Kindergartens in Essen, Mitte der fünfziger Jahre. Noch gibt es über der Ruhr viel Smog und kaum blauen Himmel – und auch kein Umweltbewußtsein in Deutschland.

Im konservativen Zeitgeist der fünfziger Jahre stieß so etwas natürlich auf Widerspruch. Grass wurde wegen einiger freizügiger Szenen Pornographie vorgeworfen wie Heinrich Böll Blasphemie, als er in seinem Roman *Und sagte kein einziges Wort* von 1953 zu dem Ergebnis gekommen war, ein wohlbekannter Bischof sei »einfach dumm«. Wolfgang Koeppen, der große Außenseiter, der nicht zur Gruppe 47 gehörte, hatte im gleichen Jahr 1953 mit dem Roman *Das Treibhaus* die leere Geschäftigkeit und die feuchte Schwüle des Klimas in der neuen Bundeshauptstadt Bonn zum Thema einer literarischen Diagnose gemacht. Ihm wurde vorgeworfen, damit bereits die Anfänge einer deutschen Staatsgesinnung in den Schmutz

Junge Mütter auf der 1.-Mai-Demonstration 1954 in der DDR. Die Berufstätigkeit von Frauen ist in der DDR die höchste in der Welt. Auch weil im zweiten deutschen Staat der Anteil der Erwerbsfähigen an der Bevölkerung mit 58 Prozent extrem niedrig ist.

zu ziehen. Die Literatur der fünfziger Jahre entwickelte sich zu einer kritischen Gegeninstanz zu den salbungsvollen Reden vom christlichen Abendland.

Doch auch sie hatte sich, nach den Worten des Publizisten Erich Kuby, in einem »Wartesaal I. Klasse« eingerichtet. Er meinte damit die Bundesrepublik, die sich immer mehr zu einer eigenen Welt entwickelte, der das Leben in der DDR, dem »Wartesaal IV. Klasse«, zunehmend fremder wurde. Die westdeutsche Literatur war in weiten Zügen die Literatur einer deutschen Teilwelt. Wer etwas über das Leben im Osten erfahren wollte, war in der Regel auf Verwandte und private Kontakte angewiesen. Mit einigen wenigen Ausnahmen.

In der dritten Februarwoche 1955 besuchte der »Quick«-Reporter Hilmar Pabel Stalinstadt. Er hatte vom Presseamt des Ministerpräsidenten der DDR die Zusage erhalten, daß nichts von seinem Bericht für die »Quick« zensiert würde. Mittlerweile sind sechs Hochöfen in Betrieb, und der Bau des klassizistischen Friedrich-Wolf-Theaters in der Stadtmitte steht kurz vor der Vollendung. Auch eine Gaststätte gibt es. Sie heißt *Aktivist.* »Hier soll, so wird im Osten immer wieder erklärt, etwas völlig Neues entstanden sein, eine Stadt ohne jegliche Verbindung zur bürgerlichen Vergangenheit,

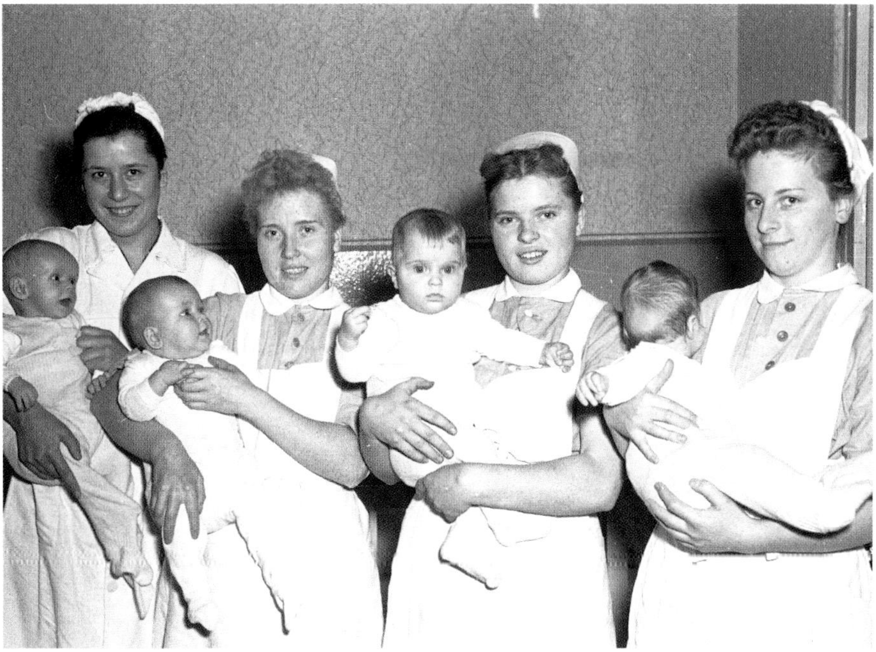

Babyboom in der DDR, Vierlinge in Lauchhammer im Braunkohlentagebaugebiet der Oberlausitz im südlichen Brandenburg. Mit der zunehmenden Berufstätigkeit der Frau gehen die Geburten Ende der fünfziger Jahre zurück.

das bis ins letzte durchorganisierte Idealbild der klassenlosen Gesellschaft«, schreibt Pabel in seinem Bericht: »In der Stadt gibt es weder selbständige Bäcker, Schneider, Schlachter noch selbständige Ärzte oder Juristen – nur Arbeiter und Angestellte volkseigener Betriebe.« Alles, was ihm hier begegnet, ist ihm vertraut und fremd zugleich. Die Menschen sprechen seine Sprache, aber sie denken anders als er. Junge Frauen in Kopftüchern begegnen ihm, denen Politik viel wichtiger zu sein scheint als ein schickes Abendkleid. Sie sind freundlich, lachen und winken ihm zu. Doch: »Etwas Beklemmendes und Erregendes hat mich hier erfaßt. Heute gehe ich auf den Straßen der jüngsten Stadt Deutschlands. Aber ist das noch Deutschland?« Pabel stellt sich diese Frage gleich mehrere Male. Sie ist bei weitem nicht nur rhetorisch gemeint. Die Straßen sind wie leergefegt, und nur zum Schichtwechsel im Kombinat werden sie für einen kurzen Augenblick von Massen bevölkert. »Beginnt hier die große Umwandlung der Einzelwesen in Kollektivglieder, etwas, wogegen sich die westliche Freiheitsidee wehrt, wovon der Osten aber das Heil erwartet«, fragt er sich und kommt zu dem Schluß: »Ich habe das beklemmende Gefühl, hier in einem fremden Land zu sein.« Ein fremdes Land. Das wurde die DDR zunehmend für die Westdeutschen.

IN ZWEI BÜNDNISSYSTEMEN

Die Pariser Verträge

In den Tagen, als Hilmar Pabel mit seiner Kamera durch Stalinstadt streifte, wurde in Bonn abschließend über die Pariser Verträge beraten, die für die Bundesrepublik eine Vollmitgliedschaft in der NATO mit sich brachten. Im Januar hatte es von sowjetischer Seite einen letzten Versuch gegeben, die westdeutsche Öffentlichkeit mit einer TASS-Meldung über die Bereitschaft der Sowjetunion zu freien Wahlen in ganz Deutschland - damit, so wörtlich, »ein einheitliches Deutschland als Großmacht wiederersteht« - gegen diese Verträge zu mobilisieren, doch dem war nicht, wie 1952, eine diplomatische Notenoffensive gefolgt. Die Volkskammer unternahm im Februar den von vornherein aussichtslosen Versuch, Abgeordnete zur Debatte über die Pariser Verträge in den Bundestag zu entsenden, und man wird auch die Einladung Pabels nach Stalinstadt im Licht solcher Bemühungen sehen müssen. Vielleicht hat man sich von einem Bericht wie dem in der »Quick« aber auch versprochen, daß die westdeutsche Öffentlichkeit gerade durch eine Geschichte über Stalinstadt etwas über das neue Selbstbewußtsein der DDR erfahren würde, denn jedem war klar, daß der Weg der Bundesrepublik in die NATO nicht mehr aufzuhalten war - mit den bekannten Konsequenzen. Nach der Ratifizierung dieser Verträge, hatte der sowjetische Außenminister Molotow am 8. Februar mit deutlichen Worten noch einmal unterstrichen, werde es keine Möglichkeit für eine Wiedervereinigung Deutschlands mehr geben.

Gegen die Pariser Verträge hatte sich im Westen heftiger Widerstand geregt. »Die Annahme des Vertragswerks«, warnt der SPD-Vorsitzende Erich Ollenhauer Ende Januar 1955 in einem Schreiben an den Bundeskanzler, »führt nach unserer Überzeugung zu einer verhängnisvollen Verhärtung der Spaltung Deutschlands.« Am 29. Januar 1955 versammeln sich die Gegner der Wiederbewaffnung unter dem Motto »Rettet Einheit, Freiheit, Frieden! Gegen Kommunismus und Nationalsozialismus!« in der Frankfurter Paulskirche. Bis auf den letzten Platz ist der

Linke Seite: Innig vereinte Zwillingsbrüder in Thüringen, Mitte der fünfziger Jahre. Die Bundesrepublik und die DDR, bald fest in zwei feindliche Bündnissysteme eingebunden, begegnen sich in heftiger Feindschaft. Die Menschen in beiden deutschen Staaten entfremden sich nach einem Jahrzehnt der Teilung zunehmend.

Mit verbissenem Gesicht zieht der Essener Oberbürgermeister Gustav Heinemann (noch CDU) gemeinsam mit anderen Ratsherren bei einem Volksfest im Juni 1949 am Tau.

mit den Farben des Bundes, der Länder und der Stadt Frankfurt/M. geschmückte Kuppelsaal des historischen Orts der deutschen Demokratie an diesem Tag besetzt. Es ist der Auftakt zur ersten großen außerparlamentarischen Aktion in der jungen Bundesrepublik. Aufgerufen haben die SPD, die Gewerkschaften und Teile der evangelischen Kirche, darunter bekannte Persönlichkeiten wie der Soziologe Alfred Weber, der Theologe Helmut Gollwitzer, der Vorsitzende der Gesamtdeutschen Volkspartei Gustav Heinemann und der SPD-Vorsitzende Erich Ollenhauer.

Die SPD sei zu der Überzeugung gekommen, hatte Ollenhauer dem Bundeskanzler am 23. Januar geschrieben, »daß noch nicht alle Möglichkeiten erschöpft sind, um vor der Ratifizierung der Pariser Verträge endlich einen ernsthaften Versuch zu unternehmen, auf dem Wege von Vier-Mächte-Verhandlungen die Einheit Deutschlands in Freiheit wiederherzustellen«. Die Bundesrepublik solle auf die Erklärung der Sowjetregierung vom 15. Januar nicht wieder so fahrlässig reagieren wie auf die Stalin-Noten von 1952, als man es »versäumt« habe, »die Ernsthaftigkeit der damaligen Angebote der Sowjetunion zu erproben«. Dem sollte die Paulskirchen-Bewegung in der außerparlamentarischen Öffentlichkeit Nachdruck verleihen.

Im Parlament selbst waren die Mehrheitsverhältnisse seit Adenauers Erdrutschsieg bei den Wahlen vom Herbst 1953 mehr als klar. Er habe die »ehrliche Sorge«, so der CDU-Abgeordnete Kurt Georg Kiesinger in einer der großen Bundestagsdebatten über die Pariser Verträge, »daß die *Politik von Herrn Ollenhauer* die Gefahr, die in einer Verhandlung mit Sowjetrußland in einer Position der Schwäche liegt, nicht genügend würdigt und daß dann – wider seinen redlichen Willen – eines Tages aus dieser Politik eine zwangsweise Ostschaltung ganz Deutschlands erfolgen könnte!« Damit war die Haltung der Regierung Adenauer in dieser Frage präzise auf den Punkt gebracht. »Unser ganzer Streit«, so Kiesinger an die Adresse der SPD-Opposition, »geht also um die *Ausgangsbasis für Verhandlungen mit der Sowjetunion*«, für die Adenauer bekanntlich schon immer eine Position der Stärke suchte, die er mit den Pariser Verträgen nun zu gewinnen glaubte.

Ende Februar 1955, auf dem Höhepunkt der Paulskirchen-Bewegung, kommt es zu der größten Redeschlacht, die der Bundestag je erlebt hat. Während draußen die Polizei mit Wasserwerfern gegen Demonstranten vorgeht, liefern sich die Opponenten im Parlament ein über vier Tage verteiltes Rededuell von insgesamt über 40 Stunden, in dem Carlo Schmid noch einmal die Bedenken der SPD deutlich macht. Schmid fordert die Abgeordneten auf, die Beratungen auszusetzen, »bis die politische Lage genügend geklärt« sei. Würden die Verträge jetzt unterschrieben, hält er den Regierungsparteien entgegen, »so wird eine Einigung der Mächte nur möglich sein, wenn entweder die Sowjetunion vor den politischen Absichten des Westens kapituliert – und das ist wenig wahrscheinlich – oder wenn der Westen bereit ist, das Gebäude, auf dessen Einrichtung er so viel Mühe verwandt hat, abzutragen. Auch das ist wenig wahrscheinlich.« Die großen kontroversen Linien und künftigen Antinomien der Deutschlandpolitik werden in diesen Debatten von 1954/55 deutlich sichtbar.

Erich Ollenhauer war gegen die Westverträge. Aber es gab auch in den Reihen der SPD Befürworter. Auf dem Berliner Parteitag vom Juli 1954 hatte der junge Delegierte Willy Brandt die Mahnung ausgesprochen, »daß die deutsche Linke das Verhältnis zwischen demokratischer Ordnung und bewaffneter Macht noch stets vernachlässigt habe«. Sie hatte in der Weimarer Republik zugelassen, daß die Reichswehr sich zu einem Staat im Staate entwickeln konnte, und war jetzt im Umkehrschluß in eine bedenkliche Nähe zum wehrlosen Gesinnungspazifismus geraten. Willy Brandt, 1952 Berichterstatter des Auswärtigen Ausschusses zu den Verträgen über die Europäische Verteidigungsgemeinschaft, war strikt gegen die von Adenauer fast bedingungslos angestrebte EVG gewesen, »weil sie, anders als die NATO, Berlin unberücksichtigt gelassen hätte«. Jetzt war er aus den

Unterricht in der Landwirtschaftsschule Friesoythe, Niedersachsen, Mitte der fünfziger Jahre.

Essen und Trinken: Feine Küche und Kantinen

Ende der fünfziger Jahre steigt die Lust auf verfeinertes Essen, »tischfertige Gerichte« und ausländische Rezepte – und das bei ungebrochener Freude an riesigen Mahlzeiten.

Fachleute sprechen schon von einer »neuen Eß- und Trinkkultur« in Deutschland. Ein Konsumforscher beschreibt die neue Tendenz zu Curry, Paprika und fortschrittlichen Fertigprodukten: »Kalbfleisch, Wild und Geflügel sind bevorzugte Fleischarten, und der Salzhering darf nur in veredelter Form auf den Tisch kommen. Die Kartoffel kauft man teilweise schon geschält, Suppeneinlagen brauchen nicht mehr selbst gewaschen und zusammengestellt werden. Wie in Amerika kann man bereits buchstäblich aus der Dose essen.«

Die Fleischer beklagen die »Edelfreßwelle«, weil vor allem Schweinefleisch immer weniger Käufer findet. Ärzte weisen auf den zu hohen Butter- und Zuckerverbrauch hin, die Gesundheitsministerien auf den seit 1955 um ein Drittel gestiegenen Konsum von Bier und Zigaretten. Tagesrationen von 3000 Kilokalorien sind die ungesunde Norm. Die Deutschen lassen es sich entgegen aller Warnungen gut gehen.

Stark nachgefragt wird das Kantinenessen. Täglich nehmen etwa 15 Millionen Angestellte und Arbeiter das Angebot in ihren Firmen und Behörden an. In der DDR ist das Kantinenessen noch beliebter als in der Bundesrepublik, weil dort die meisten Frauen Vollzeitstellen haben und das Kochen auch im sozialistischen Staat weiterhin Sache der Frauen ist. Der Speiseplan einer typischen Woche zum Preis von täglich 70 Pfennig: Bratklops mit Gemüse, Pökelkamm mit Kraut, Bratwurst mit Blumenkohl, Frikassee vom Schwein mit Salat, gefüllte Kohlroulade mit Kartoffeln, Beefsteak mit Wirsingkohl.

In den Kantinen ist das feine Essen noch nicht angekommen.

Rechte Seite: Werbeaufnahme für Kantinenessen Ende der fünfziger Jahre. Nach den Jahren des Hungers haben sich die Deutschen Wohlstandsspeck angefressen. 3000 Kilokalorien am Tag nimmt ein Bundesbürger täglich zu sich.

gleichen Gründen für die NATO und forderte auf dem Berliner Landesparteitag der SPD im Frühjahr 1954 »eine klare Entscheidung für den Westen«. Auch die großen Linien seiner Politik werden in diesen Tagen sichtbar. Man komme zur Wiedervereinigung nur, so Brandt, »wenn ein *Ausgleich der Interessen* zwischen den beteiligten Mächten gefunden« werde. Das war die Forderung nach einer Politik der Stärke ohne die Gefahr ihrer Überdehnung mit der Hoffnung auf Kapitulation der Gegenseite – erste Schritte auf dem Weg, der später Brandts neue Ostpolitik kennzeichnen sollte.

Am 27. Februar 1955 billigt der Deutsche Bundestag mit einer deutlichen Mehrheit von über zwei Drittel der Stimmen die Pariser Verträge.

Schick für alle: Hauswurfsendung von C&A Brenninkmeyer Mitte der fünfziger Jahre.

Volkswagen Typ 1 des Fernmeldedienstes der Deutschen Bundespost. Mitte der sechziger Jahre wird jeder dritte bundesdeutsche Haushalt einen PKW besitzen, aber weniger als ein Viertel der Haushalte haben ein Telefon.

Am 6. Mai wird die Bundesrepublik Mitglied der NATO. Ein langer Weg, der schon vor Beginn des Koreakrieges mit Planspielen über eine Wiederbewaffnung Westdeutschlands begonnen hatte, war damit nach vielen Krisen, vor allem um die EVG, zum Abschluß gekommen.

Der Vertrag über die Europäische Verteidigungsgemeinschaft war am 27. Mai 1952 von den Außenministern Frankreichs, Italiens, der Beneluxstaaten und der Bundesrepublik in Paris unterzeichnet worden und sah als Organe eine Kommission, einen Ministerrat, eine Parlamentarische Versammlung und einen Gerichtshof vor. »Eine Art von europäisch-bundesstaatlicher Ordnung«, wie Peter Graf Kielmansegg schreibt, wäre damit vorgezeichnet gewesen. Nach harten innenpolitischen Auseinandersetzungen – bis zum Gang vor das Bundesverfassungsgericht – war der Vertrag am 19. März 1953 vom Bundestag in dritter Lesung verabschiedet worden. Doch in Frankreich zog sich die Debatte hin, ohne daß eine Regierung es gewagt hätte, den Vertrag dem Parlament vorzulegen. Kommunisten und Gaullisten waren ohnehin von Anfang an aus unterschiedlichen Gründen Gegner der EVG gewesen, und in den Kolonien nahmen die Probleme überhand. Am Cap Bon in Tunesien hatten die Franzosen im Januar

1952 mehr als 200 Aufständische erschossen und waren daraufhin vor den Vereinten Nationen in die Rolle des Angeklagten geraten. In Marokko unterstützten sie einen Putsch gegen Sultan Mohammed V. Doch am gefährlichsten war die Lage in Indochina, wo sich der Vietminh immer erfolgreicher bewegen konnte. In dieser verfahrenen außenpolitischen Lage war in Paris an eine Zustimmung des Parlaments zur EVG, die eine Beschneidung der militärischen Souveränität Frankreichs mit sich gebracht hätte, nicht zu denken. Adenauer hatte für den Fall eines Scheiterns der EVG zeitweilig mit dem Gedanken einer zweiseitigen deutsch-amerikanischen Abmachung gespielt und den Amerikanern zu bedenken gegeben, daß sich ihr Nachschub im Zweifelsfall auch über die holländischen und belgischen Häfen abwickeln lasse, doch er war bei ihnen dabei auf energischen Widerstand gestoßen. Die Tiefe des französischen Raums werde gebraucht, erklärt ihm der NATO-Oberkommandierende General Gruenther im Herbst 1953, 70 von 125 NATO-Flugplätzen lägen auf französischem Boden. John Foster Dulles läßt ihm am 20. November in einem scharfen Brief mitteilen, die amerikanische Europapolitik beruhe auf der »gebieterischen Notwendigkeit einer französisch-deutschen Einheit«.

Über das Schicksal der Europäischen Verteidigungsgemeinschaft wurde jedoch in der Dschungelfestung Dien Bien Phu im fernen Vietnam entschieden. Seit Frühjahr 1954 waren französische Elitetruppen dort einem schweren Angriff der Vietminh ausgesetzt, denen es gelang, durch die Zerstörung der Landebahnen die Luftversorgung der schwer zugänglichen Höhe zu unterbinden und die Festung einzukesseln. Das Schicksal der Franzosen war besiegelt, als die Amerikaner und Engländer ein Eingreifen ablehnten. Am 7. Mai 1954 kapituliert Dien Bien Phu. Im Juli 1954 wird auf der Genfer Indochina-Konferenz die Teilung Vietnams entlang des 17. Breitengrads vereinbart. Der siebenjährige Krieg in Indochina hat die französischen Streitkräfte 100 000 Tote gekostet, darunter 28 000 Vietnamesen, 15 000 Afrikaner und 12 000 Fremdenlegionäre.

Die Indochina-Konferenz war auf der Berliner Außenministerkonferenz der vier Siegermächte des Zweiten Weltkriegs im Januar 1954, die sich über die Deutschlandfrage nicht einigen konnten, beschlossen worden, und es war sämtlichen Beteiligten klar, daß Molotow nun alles daransetzen würde, im Tausch für eine akzeptable Indochina-Lösung die EVG endgültig zum Scheitern zu bringen. Viel war da nicht mehr zu tun. In Frankreich war das Gefühl der Bedrohung durch die Sowjets nach dem Ende des Koreakriegs und dem Beginn der Genfer Verhandlungen deutlich gesunken, so daß immer weniger Franzosen einsehen wollten, wieso man aus Sicherheitsgründen auf souveräne Rechte zugunsten einer europäisierten Militärstruktur verzichten sollte. Am 30. August 1954 stimmt die franzö-

sische Nationalversammlung einem Antrag von EVG-Gegnern zu, sich mit dem Projekt überhaupt nicht mehr zu befassen. Der Antrag wird mit 319 gegen 264 Stimmen angenommen.

Saalschlacht zwischen Jugendlichen und Polizei während des Wahlkampfes zum hessischen Landtag, 1954. Auf der FDP-Veranstaltung in Groß-Gerau sollte der Bundestagsabgeordnete Hasso von Manteuffel sprechen. Manteuffel war während des Zweiten Weltkrieges Oberbefehlshaber der 5. Panzerarmee und führte diese in der Ardennenoffensive.

»Über die französischen Motive ist damals viel gerätselt worden«, schreibt Rolf Steininger: »Einer der wichtigsten Gründe ist erst vor einiger Zeit bekannt geworden. Des Rätsels Lösung heißt französische Atombombe – dies um so mehr, als Paris nach dem Debakel von Dien Bien Phu das Vertrauen in die USA und deren – letztlich auch atomare – Unterstützung verloren hatte.« Eine französische Atombombe wäre mit dem EVG-Vertrag nicht vereinbar gewesen. Auch das war ein Grund für sein Scheitern.

Konrad Adenauer war über diese Entwicklung entsetzt. Der 30. August 1954, läßt er verlauten, sei ein schwarzer Tag für Europa. »Niemals vorher und nachher habe ich Adenauer so verbittert, so deprimiert erlebt«, berichtet sein Pressesprecher Felix von Eckardt, der am 31. August morgens beim Kanzler auf der Bühlerhöhe im Schwarzwald eintrifft. Man sei, so sein engster außenpolitischer Mitarbeiter Herbert Blankenhorn, nun »genauso weit, wie wir im Jahre 1929 vor der hitlerischen Bewegung gewesen sind«, als Gustav Stresemann unerwartet starb. Franz Josef Strauß erlebt den historischen Tag in Paris. Auch er eilt am 31. auf die Bühlerhöhe und setzt, da Adenauer öffentlich nicht Stellung nehmen will, am Nachmittag den Text für eine Rundfunkansprache auf, die der Südwestfunk noch am gleichen Tag sendet. Die »von Moskau ferngesteuerte Kommunistische Partei Frankreichs«, läßt er da verlauten, habe »im französischen Parlament den Ausschlag zu einer Entscheidung gegeben, deren Folgen und Tragweite noch nicht zu übersehen sind, am allerwenigsten für Frankreich.« Zudem sei nun zu vermuten, daß dem französischen Ministerpräsidenten Pierre Mendès-France offenbar »zur Lösung der Deutschlandfrage eine Regelung nach dem Muster der Neutralisierung Indochinas« vorschwebe. Auf der Bühlerhöhe herrscht Götterdämmerungsstimmung an diesem Tag.

In Wirklichkeit hatte sich die deutsche Position durch die Pariser Entscheidung jedoch erheblich verbessert. Am gleichen 31. August erklärt der amerikanische Außenminister Dulles, es dürfe auf keinen Fall passieren, »daß das ohne Zutun Deutschlands zustande gekommene

Die Automobilbegeisterung der fünfziger Jahre zeigt sich in Ost und West in den Seifenkistenrennen der Jungen. 1958 im Kinderferienlager des Kombinats Leuna »Wilhelm Pieck«.

Auto 1956:
Von Sperrholzkarosserien und Weißwandreifen

Heinkel Kabinenroller und Heinkel Motorroller, 1957.

1956 kommt der Victoria Spatz mit einem 10-PS-Motor zum Preis von 2975 DM auf den Markt. Es ist das erste fast ganz aus Kunststoff gebaute Auto in Deutschland. Aber der Verkaufserfolg bleibt aus – für den jetzt schon anspruchsvollen Bundesbürger ist das Auto einfach zu winzig. Bis zur Einstellung der Produktion 1958 laufen nur 1600 Wagen vom Band. Vielleicht ist das gut so: Die Außenhaut des Spatz ist so weich, daß man sie eindrücken kann. Vor allem aber ist das Chassis extrem leicht brennbar, weshalb sich einige Spatz-Besitzer unversehens in einer Art Feuervogel wiederfinden.

Erfolgreichstes Auto des Jahres ist der VW Käfer. Der mit einem robusten 30-PS-Motor ausgestattete 1200er kostet 3950 DM. Gute Verkaufszahlen erzielt auch der Lloyd 300 des Bremer Autobauers Carl Borgward. Er wird wegen seiner Sperrholzkarosserie mit Kunstlederbezug liebevoll-spöttisch Leukoplastbomber genannt. Ein weiterer Verkaufsschlager unter den Kleinwagen ist das Goggomobil aus den Glas-Werken in Dingolfing. Das knapp 3000 DM teure Miniatur-Auto von nur 2,90 m Länge erreicht eine Spitzengeschwindigkeit von 85 km/h.

Der Traum vieler Autoliebhaber in der Mittelklasse ist der Ford Taunus 15 M. Die 55-PS-Limousine mit serienmäßigen Weißwandreifen kostet 6375 Mark. Härtester Konkurrent in diesem Marktsegment ist der Opel Rekord aus Rüsselsheim. In der Oberklasse bringt es der Porsche Carrera auf eine Spitzengeschwindigkeit von 200 km/h. Ein vielbewundertes ausländisches Modell ist der neue Citroën DS 19 mit seiner hydropneumatischen Federung, mit der sich die Bodenfreiheit variieren läßt.

Die Bundesrepublik wird langsam zum Autoland. 1956 finden 335 000 neue PKW einen stolzen Besitzer.

Scheitern der EVG jetzt als Entschuldigung benutzt werden sollte, Deutschland dafür nachteilig zu behandeln«. Die Souveränitätsbestimmungen des Deutschlandvertrags, nach denen die Bundesrepublik die volle Macht eines souveränen Staates über seine inneren und äußeren Angelegenheiten erhalten sollte, waren an das Zustandekommen der EVG gebunden. Die Deutschen, so Dulles, könnten nicht auf alle Ewigkeit in bezug auf ihre Souveränität »einschließlich des (ihnen) zustehenden Rechts der individuellen und kollektiven Selbstverteidigung diskriminiert werden«. Eine anglo-amerikanische Expertengruppe hatte sich schon seit dem frühen Sommer mit Alternativen für den Fall des Scheiterns der EVG beschäftigt. »Wir müssen einen guten Plan ausarbeiten«, so Winston Churchill am 19. August, »um Deutschland in die NATO einzugliedern.« Dazu sollte es nach dem 31. August sehr schnell kommen. Auch Adenauer hatte sich am Abend dieses Tages wieder gefaßt. »Seine Linie«, notiert Herbert Blankenhorn: »Fortsetzung der Arbeit am europäischen Zusammenschluß, Zurückstellung der Pläne einer integrierten europäischen Verteidigung, Durchsetzung der vollen Souveränität der Bundesrepublik und Eintritt in die NATO.«

Als Adenauer am Abend des 27. September auf Einladung von Winston Churchill bei einem großen Herrenessen in Downing Street 10 weilt, ist der Durchbruch erreicht. Unterstaatssekretär Kirkpatrick hatte dem Kanzler bei seiner Ankunft in London zu verstehen gegeben, daß Pierre Mendès-France »fest verpflichtet« worden sei, den Beitritt der Bundesrepublik in die NATO zu unterstützen. Regierungsmitglieder und Repräsentanten des House of Lords sind in Downing Street erschienen, Clement Attlee von der Labour-Opposition und die Feldmarschälle Montgomery und Alexander. Churchill hatte für Adenauer »großes Haus« inszeniert, um damit zu unterstreichen, wie wichtig ihm der Erfolg der Neunmächtekonferenz war, die am nächsten Tag im Lancaster House im Londoner Westend beginnen sollte. Dazu waren neben den an der gescheiterten EVG beteiligten Staaten die USA, Großbritannien und Kanada eingeladen.

Die Konferenz, die sich anfangs wegen weiterer Garantie- und Kontrollforderungen Frankreichs schwierig gestaltet, nimmt eine unerwartete Wendung, als am 29. September Außenminister Eden erklärt, Großbritannien werde vier Divisionen und Einheiten der Royal Air Force für unabsehbare Zeit auf dem Kontinent belassen, und John Foster Dulles seinerseits die amerikanische Zusicherung über den Verbleib der US-Streitkräfte in Europa erneuert, »solange eine Bedrohung dieses Gebiets besteht«. Das waren, so Eden, Offerten von »historischer Bedeutung«, besonders was den britischen Entschluß anbetraf, aus der *splendid isolation* herauszutreten und »sich mit dem Kontinent zu verbinden«. Frankreichs Sicher-

Design 1957:
Chippendale und Nierentisch

»Der Nierentisch ist tot«, übertitelt die »Süddeutsche Zeitung« im Februar 1958 einen Bericht von der Kölner Möbelmesse. Aber bei vielen jungen Stadtbewohnern stehen Korbstühle mit Stahlrohrgestellen, Teppiche mit geometrischen Mustern, Tütenlampen und die von der »SZ« abgeschriebenen Nierentische mit den glatten Tischplatten aus Kunststoff weiter hoch im Kurs. Ein neuer Trend auf der Messe sind skandinavische Möbel, die aus hellem Holz gearbeitet sind und für geradliniges und funktionales Design stehen.

Die Vorkriegsgeneration orientiert sich eher an vertrauten Formen. Die Nachfrage im Segment nachgebauter Möbel, die im Chippendale-Stil des 18. Jahrhunderts gehalten sind, nimmt weiter zu. Beliebt sind auch rustikale Schränke und wuchtige Garnituren, deren Stil bald etwas abfällig als »Gelsenkirchener Barock« bezeichnet wird. Möbel aus massivem Eichen- oder Edelholz sind extrem teuer. Viele Produzenten verwenden Furniere oder arbeiten mit Kunststoffoberflächen.

Das Interesse der Innenarchitekten zielt jetzt stärker auf die »Integration der Phono- und Fernsehgeräte« in die Wohnzimmer. Auch der Trend zu Haushaltsgeräten ist ungebrochen. Bisher verfügt erst jeder dritte Haushalt über einen Kühlschrank und nur jeder fünfte besitzt eine Waschmaschine. Auch die Ausstattung der Mietwohnungen ist oft sehr einfach: Nur die Hälfte aller Wohnungen hat ein Bad oder eine Dusche. Und in jeder fünften Wohnung teilen sich weiterhin mehrere Parteien eine Toilette auf »der halben Treppe«.

Noch bleiben viele Einrichtungsträume unerfüllt. Aber die finanziellen Möglichkeiten der Westdeutschen wachsen. 1960 verbucht die Möbelindustrie fast zwanzig Prozent mehr Auftragseingänge.

heitsinteressen kommt auch Adenauer durch seinen einzigen »einsamen Entschluß« entgegen, für die Bundesrepublik auf die Herstellung von ABC-Waffen und die Produktion einer Reihe schwerer Waffen wie Kriegsschiffen einer bestimmten Größe, Fernbombern und Fernlenkgeschossen zu verzichten und diesen Verzicht der Kontrolle durch die spätere Westeuropäische Union (WEU) zu unterstellen. Als der belgische Außenminister Paul-Henri Spaak daraufhin den Verzicht aller kontinentaleuropäischen Staaten auf die Produktion von Kernwaffen anregt, winkt Mendès-France allerdings ab. Frankreich war nach Dien Bien Phu bereits auf dem Weg zu eigenen Kernwaffen.

Drei Wochen später tritt man in Paris wieder zusammen. Zunächst jedoch mußte in bilateralen deutsch-französischen Gesprächen ein Problem gelöst werden, das Mendès-France schon in London am 28. September auf den Tisch gelegt hatte und das Frankreich als Junktim für einen NATO-Beitritt der Bundesrepublik verstand: die Saarfrage. Von den umfangreichen Forderungen Frankreichs nach der Kontrolle deutscher Industriegebiete nach dem Krieg war nur noch das Saargebiet übriggeblieben, das seit 1947 in eine Wirtschafts- und Währungsunion mit Frankreich eingebunden war und seit 1950 faktisch ein französisches Protektorat darstellte. Seit 1951 war die Saar, neben der Bundesrepublik, auch Mitglied des Europarats. Die Saar sei »nie ein Teil der Bundesrepublik gewesen«, erklärt Adenauer Mendès-France, als sie sich am Vorabend der Pariser Konferenz auf Chateau La Celle-Saint-Cloud, dem für dieses Treffen schleunigst restaurierten Schloß der Madame Pompadour, zu einem ausführlichen bilateralen Gespräch treffen. Damit hatte er ohne Zweifel recht, obwohl diese Aussage faktisch die Aufgabe von offiziellen Positionen beinhaltete, nach denen die Bundesrepublik sich als Rechtsnachfolgerin des Deutschen Reichs betrachtete. Adenauer taktiert hier, umgeben vom leuchtenden Herbstlaub eines Parks in der Île-de-France, auf fragwürdigen Pfaden, auch wenn er anschließend zu verstehen gibt, die Saar sei genausowenig jemals ein Teil Frankreichs gewesen, weshalb die freie Wahl der Saarländer über diese Frage »unerläßlich« sei.

Im Ergebnis war dies ein geschickter Schachzug, denn er ermöglichte es Adenauer, dem Saarstatut – also einer Europäisierung der Saar – in der Erwartung zuzustimmen, daß die Saarländer es ablehnen würden, auch wenn er Mendès-France gegenüber behauptet, er sei »überzeugt, daß die Saarländer für die Autonomie stimmten«. Offiziell hat er diese Position bis zuletzt aufrechterhalten und die Saarländer noch vor der Abstimmung im Herbst 1955 zum Ja für das europäische Saarstatut aufgerufen, während er insgeheim, wie Franz Josef Strauß in seinen *Erinnerungen* enthüllt hat, den prodeutschen – und streckenweise recht nationalistischen – Geg-

Die Saar-CDU ist ebenso wie die SPD im Saarland eine »Deutsche Partei«, die die Verfassung des Saarlandes ablehnt und den Anschluß an die Bundesrepublik will. Plakat der Saar-CDU zur Abstimmung über das Saarstatut.

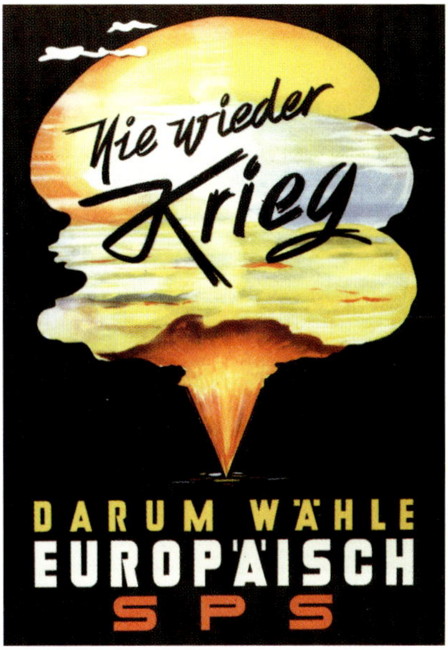

Die SPS, die Sozialdemokratische Partei des Saarlandes, will eine Europäisierung der Saar. In der Abstimmung über das Saarstatut wirbt sie mit der Kriegsangst der Bevölkerung für die Annahme.

nern des Statuts mehr als zehn Millionen Mark aus einem geheimen Reptilienfonds zufließen ließ. Am 23. Oktober 1955 lehnen die Saarländer das Statut mit einer Zweidrittelmehrheit von 67,71 Prozent ab. Am 1. Januar 1957 wird die Saar durch Beitritt zum Geltungsbereich des Grundgesetzes ein Land der Bundesrepublik Deutschland.

Im Herbst 1954 war die Einigung zwischen Adenauer und Pierre Mendès-France über das Saarstatut die Voraussetzung dafür, daß die Pariser Verträge am 23. Oktober am Quai d'Orsay unterzeichnet werden konnten. Es waren insgesamt elf Verträge und Abkommen, darunter als wichtigste die Protokolle über die Beendigung des Besatzungsregimes und der Beitritt der Bundesrepublik zur NATO. Am 27. Februar 1955 ratifiziert der Bundestag die Pariser Verträge und das Saarstatut. Am 5. Mai tritt der Deutschlandvertrag über die Ablösung des Besatzungsregimes und am 6. Mai die Mitgliedschaft der Bundesrepublik in NATO und Westeuropäischer Union (WEU) in Kraft. Nun konnte in Westdeutschland die seit langem geplante Wiederbewaffnung beginnen – allerdings unter strikter Kontrolle der WEU und bei voller Integration in die übernationalen Kommandostrukturen der NATO.

Der Weg der DDR in den Warschauer Pakt

»Die in der Deutschen Demokratischen Republik entstehende Nationale Volksarmee stellt ihrem Wesen nach etwas dar, was es in Deutschland bisher noch nicht gegeben hat«, schreibt Walter Lehweß-Litzmann 1952 in der Oktobernummer der »Weltbühne«: »Erstmalig sind es Streitkräfte, die weder für imperialistische Eroberungsziele aufgestellt werden noch dazu mißbraucht werden können. Im Gegenteil: Sie werden ausdrücklich geschaffen gegen die Bedrohung, die von der Wiedererweckung eines aggressiven Militarismus ausgeht.« Der Autor ist nicht irgendwer. Er ist der Enkel eines frühen Förderers von Hitler, des Generals Karl Litzmann, nach dem die Nazis das eroberte polnische Lodz in Litzmannstadt umbenannten. Im September 1943 war der Luftwaffen-Kommodore und Oberstleutnant im Generalstab bei Smolensk abgeschossen und als Totgesagter mit dem Ritterkreuz ausgezeichnet worden. Doch er hatte überlebt. Walter Lehweß-Litzmann war während seiner Kriegsgefangenschaft in der Sowjetunion in das Nationalkomitee Freies Deutschland eingetreten.

»Als Kulturvolk waren wir Hitler gefolgt und hatten uns zu Barbaren machen lassen«, begründet er diesen Schritt in seiner Autobiographie: »Für mich war die Politik der Judenvernichtung ein wesentlicher Anlaß, mich nun ideologisch von Hitler zu trennen«. Er steht damit für viele im kommunistisch beeinflußten *Nationalkomitee*, unter ihnen sein Zimmernachbar im Lager Lunjowo Jesco von Puttkamer, der Panzeroberleutnant und spätere Chefredakteur des sozialdemokratischen »Vorwärts«.

Lehweß-Litzmann war nach dem Krieg auf eigene Initiative hin in die sowjetische Zone gegangen, hatte einen Lehrgang über Marxismus-Leninismus an der Schule der Sowjetischen Militäradministration in Königs Wusterhausen besucht und war seit 1949 Mitglied der außenpolitischen Redaktion der »Berliner Zeitung«. In dieser Funktion schrieb er gelegentlich auch für andere Blätter wie die neu gegründete »Weltbühne«.

Anfang Juli 1952 hatte Lehweß-Litzmann einen Anruf aus dem Innenministerium erhalten. Er möge sich dort am nächsten Tag zu einem Gespräch einfinden. Es wird eine überraschende Begegnung werden. Man hatte ihn geladen, weil man nach Spezialisten für den geplanten Aufbau von Lufteinheiten der Kasernierten Volkspolizei suchte. Chef der Volkspolizei-Luft sollte der 32jährige Heinz Keßler werden, den Lehweß-Litzmann bereits aus dem Lager Lunjowo gut kannte, nachdem der einfache Soldat und Maschinenschlosser Keßler aus der Wehrmacht desertiert war und die Fahnen gewechselt hatte. Er war zuletzt 2. Sekretär des Zentralrats der FDJ gewesen und stand ihm nun als General-

Rechte Seite: Auf der Ostsee vor Rostock, 1958. »Kasernierte Volkspolizei auf See« vermerkt der Bildberichterstatter.

inspekteur der Volkspolizei-Luft gegenüber. Ohne Leute wie den erfahrenen Kommodore und ehemaligen Generalstabsoffizier Lehweß-Litzmann hätte der in militärischen Führungsaufgaben völlig unerfahrene Keßler seine Aufgabe nie bewältigen können.

Die Luftwaffenplanung der Kasernierten Volkspolizei macht in besonderer Weise deutlich, daß es sich bei dieser Truppe von Anfang an um den Nukleus einer regelrechten Armee und keineswegs nur um Polizeitruppen gehandelt hat. Im Oktober 1952 sitzt Lehweß-Litzmann zum ersten Mal am Steuerknüppel einer sowjetischen Jak-18, im Frühjahr 1953 im Cockpit eines Düsenjägers, der MiG-15, nachdem die Weisung ausgegangen war, die Ausrüstung der Volkspolizei-Luft auf strahlgetriebene Abfangjäger vorzubereiten. Doch nach dem Tod Stalins und mit der Verkündung des Neuen Kurses wird der Ausbau der Luftstreitkräfte und deren Ausrüstung mit den neuen Jägern plötzlich gestoppt. Am 6. Juni 1953 ruft die Sowjetunion 100 in Kisten verpackte MiG-15, die im April als Vorleistung für eine künftige Lizenzproduktion geliefert worden waren, wieder zurück. Erst ab Sommer 1956, so Lehweß-Litzmann, »wurde die MiG-15 nach und nach als Standardflugzeug in unsere Geschwader eingeführt, und ich konnte nun endlich die 1953 abgebrochene Strahlenjägerausbildung fortsetzen«. Zu diesem Zeitpunkt gab es bereits eine Nationale Volksarmee, und Heinz Keßler war als Generalmajor zum Chef der Luftstreitkräfte aufgestiegen. Walter Lehweß-Litzmann wurde sein Stellvertreter für fliegerische Ausbildung im Rang eines Obersten.

Die Wiederaufrüstung der DDR ist seit Ende der vierziger Jahre den Schwankungen der sowjetischen Deutschlandpolitik gefolgt. Schon 1948 hatte die Sowjetische Militäradministration die Bildung von Kasernierten Bereitschaften innerhalb der Deutschen Volkspolizei gefordert und noch vor Gründung der DDR 1949 150 Kandidaten zur Ausbildung als Kommandeure in die Sowjetunion geschickt.

Das Feindbild war klar, seit sich die SED und in ihrem Gefolge auch die Nationale Front der »Zwei-Lager-Theorie« der KPdSU angeschlossen hatten. »Der amerikanische Imperialismus«, schreibt die »Tägliche Rundschau« im Herbst 1949, »hat das Erbe des Hitlerfaschismus im Kampf um die Weltherrschaft angetreten.« In diesem Geist fand auch die Ausbildung der Kasernierten Bereitschaften statt. Sie sollten »kämpferische Menschen« erziehen, die sich mit ihrer »ganzen Person« für den Schutz der DDR einsetzen. Im Herbst 1949 verfügte die Truppe über einen Personalbestand von 31 000, im Oktober 1951 waren es 52 000. Alle Einheiten wurden »militärisch ausgebaut«. Während der Auseinandersetzung um die Stalin-Noten im

Linke Seite: Volkspolizist neben der Viktoria, der Lenkerin der Quadriga. Er bewacht 1958 die Restaurierungsarbeiten der Statuengruppe, die das Brandenburger Tor krönt.

Frühjahr 1952 hatte Wilhelm Pieck bei einem Besuch in Moskau das Ende der »pazifistischen« Phase der DDR-Politik verkündet. Dem folgten im Juli ein Beschluß der SED zum Aufbau »nationaler« Streitkräfte und die Umbenennung der Bereitschaften in Kasernierte Volkspolizei (KVP). Es war die Zeit, als Ulbricht die Linie eines beschleunigten Aufbaus des Sozialismus verkündete und die Propaganda der DDR gegen »Adenauers Generalkriegsvertrag« mobil machte. Die Folge waren Schritte zu einer beispiellosen Militarisierung der ostdeutschen Gesellschaft. Die FDJ übernahm die Patenschaft über die Kasernierte Volkspolizei und betrachtete es bis zur Einführung der allgemeinen Wehrpflicht 1962 als eine ihrer wichtigen Aufgaben, Jugendliche für die Mitarbeit bei Polizei und Armee zu gewinnen. Die in diesem Jahr gegründete »Gesellschaft für Sport und Technik« leistete dafür paramilitärische Ausbildung unter den Heranwachsenden.

Viele der Offiziere und Mannschaften der KVP waren ehemalige Kriegsgefangene, unter ihnen als alle überragende Figur der Generalleutnant Vinzenz Müller. Er war Frontoffizier im Ersten Weltkrieg gewesen, in der Weimarer Republik ein Vertrauter des Generals Kurt von Schleicher und später Stabschef in der Wehrmacht. Als kommandierender General der 4. Armee war er 1944 bei Minsk in Kriegsgefangenschaft geraten und hatte sich dort bald dem antifaschistischen *Bund Deutscher Offiziere* angeschlossen. 1948 in die sowjetische Zone zurückgekehrt, war Müller der entscheidende Kopf beim Aufbau der Kasernierten Volkspolizei, deren Stabschef er wurde. Dem Armeenukleus KVP verordnete er »eine der deutschen Tradition entsprechende innere Ordnung«, die auch stilbildend für den Aufbau der Nationalen Volksarmee wurde. Sie sollte sich, so Willi Stoph, der erste Verteidigungsminister der DDR, auch äußerlich – von der Uniform bis zum Stechschritt – als »eine Armee des Volkes, die die Interessen des deutschen Volkes vertritt«, von den amerikanisierten »westdeutschen Söldnerformationen« der Bundeswehr absetzen.

Im *Nationalkomitee Freies Deutschland* hatte man, um kriegsgefangene Offiziere zur Mitarbeit zu bewegen, gern den Geist von Tauroggen beschworen, mit dem 1813 das Bündnis zwischen Preußen und Rußland gegen Napoleon geschlossen wurde. Der Vergleich stimmte nicht ganz, denn Hitler war für die Deutschen nicht wie Napoleon ein fremder Herrscher. Doch mit den Feiern zum 140. Jahrestag der Völkerschlacht bei Leipzig wird der »Geist von 1813« wieder ein Thema, weil er der Propaganda die zeitgemäße Möglichkeit eröffnet, daran zu erinnern, daß Deutsche und Russen schon einmal

Rechte Seite: Hissen einer Deutschlandfahne in einem Dorf in Thüringen, Mitte der fünfziger Jahre. Noch geht auch die DDR-Führung von einer deutschen Nation und Staatsbürgerschaft aus und strebt die Wiedervereinigung an. Erst 1959 wird das Staatswappen mit Hammer, Zirkel und Ährenkranz in die Staatsflagge der DDR aufgenommen und 1967 per Gesetz eine eigene Staatsbürgerschaft geschaffen.

gemeinsam gegen eine westliche Fremdherrschaft gekämpft hatten. Stein und Gneisenau, Scharnhorst und Clausewitz, Arndt und Fichte, schreibt der SED-Mann Albert Norden 1953 in dem Buch *Das Banner von 1813*, waren »Männer, die Deutschland retteten, weil sie an ihr Volk glaubten und mit Rußland im Bunde kämpften«. Mit Rußland im Bunde. Aus diesem Grund, so Willi Stoph, sollten die neuen Uniformen der Nationalen Volksarmee auch »den alten deutschen Traditionen der Volksbefreiungsarmeen« entsprechen. Die NVA besaß, als sie im Januar 1956 offiziell ins Leben gerufen wurde, ohne Zweifel »einen organisatorischen Vorsprung gegenüber der ebenfalls im Entstehen begriffenen Bundeswehr«, wie Adolf M. Birke schreibt, da sie auf die Kasernierte Volkspolizei zurückgreifen konnte. Ihre endgültige Lizenz aus Moskau hat sie indes erst erhalten, nachdem ein bewegtes Jahr 1955 fast zu Ende gegangen war.

Am 6. Mai war Adenauers Sicherheitsbeauftragter Theodor Blank zum ersten Bundesminister der Verteidigung ernannt worden. Am 7. Mai trat die Bundesrepublik der Westeuropäischen Union, am 9. Mai der NATO bei. Am 14. Mai wurde unter Einbeziehung der DDR der Warschauer Pakt unterzeichnet, doch der zweite deutsche Staat blieb überraschenderweise zunächst noch außerhalb der Militärorganisation des Bündnisses. Einen Tag später, am 15. Mai, kam es zum Abschluß des Staatsvertrags mit Österreich. Offensichtlich, so machte das letzte Ereignis deutlich, waren trotz der Verschärfung der Fronten im Kalten Krieg einvernehmliche politische Lösungen zwischen den vier Siegermächten immer noch möglich.

Bis dahin hatte die Sowjetunion die Zukunft Österreichs immer von einer Lösung der deutschen Frage abhängig gemacht. Doch plötzlich hatte sich das geändert, und im April wurde eine österreichische Regierungsdelegation unter Kanzler Julius Raab in Moskau empfangen. Diverse bilaterale Kontakte, bei denen die Sowjetunion die Initiative ergriffen hatte, waren dem vorausgegangen. Schon einen Monat später wurde der Staatsvertrag unterzeichnet, in dem sich die Republik Österreich zu »immerwährender Neutralität« verpflichtete und dafür die staatliche Souveränität erhielt. Im Herbst zogen die Truppen der vier Besatzungsmächte ab, was besonders deshalb als Sensation empfunden wurde, weil die Sowjetunion damit die Bereitschaft gezeigt hatte, ein von ihr besetztes Gebiet in Europa wieder zu räumen. Übereinstimmend berichten die britische und die amerikanische Botschaft aus Moskau, daß dort offensichtlich ein »Klimawechsel« stattgefunden habe. Am 7. Juni sieht sich die deutsche Bundesregierung mit dem unerwarteten Vorschlag aus Moskau konfrontiert, diplomatische Beziehungen aufzunehmen. Würde die Einladung an Adenauer, über die schon vorher in diplomatischen Kreisen viel spekuliert worden war, zu einem ähnlich sensationellen Ergebnis führen wie die Einladung an Julius Raab?

Beutekunst: »Aufbewahrt für unser Volk«

Es ist eine enorm wertvolle Fracht, die im Herbst 1958 aus der Sowjetunion in die DDR reist. In Zügen, Lastwagen und Flugzeugen treten fast anderthalb Millionen Kunstschätze den Transport nach Ostdeutschland an.

Bei der Rückgabe der Kostbarkeiten des berühmten Dresdner »Grünen Gewölbes« hält DDR-Kulturminister Alexander Abusch eine Dankesrede: »Kunstschätze von unermeßlichen Wert sind ... heute offiziell übergeben worden. Kunstschätze, die von den sowjetischen Truppen während der Kampfhandlungen gerettet und ... in der Sowjetunion für unser Volk aufbewahrt worden sind.«

Die Rede verdreht die Tatsachen. Denn der Siegermacht war es nach dem Krieg um Beute gegangen, so wie der deutschen Wehrmacht zuvor. Bis 1949 schaffen die Sowjets zweieinhalb Millionen Kunstwerke außer Landes. Erst Stalins Nachfolger Chruschtschow drängt auf den Rücktransport in die DDR, weil er in dem symbolischen Akt eine Gelegenheit sieht, das deutsche Volk durch Großherzigkeit für den Sozialismus zu gewinnen.

Die Rückgabe erfolgt in zwei Schritten. Zuerst trennt sich die Sowjetunion von den Exponaten aus der Dresdner Gemäldegalerie. Die 1250 Meisterwerke gehen 1955 zunächst für eine Ausstellung nach Ostberlin, wo eine halbe Million Menschen die Gemälde und anderen Arbeiten bewundern. 1958 folgt ein weiterer großer Teil der erbeuteten Kunstwerke. Die Ostberliner Museen und sogar viele Kleinstädte erhalten ihre Bestände zurück, so die Museumsinsel den berühmten Pergamon-Altar.

Als die beiden Staaten den Rückgabevertrag unterzeichnen, ist von der Freigabe aller Kunstwerke die Rede. Doch die Siegermacht hält etwa eine Million Exponate zurück. 1999 erklärt die Duma diese Schätze zu russischem Nationaleigentum.

Die sowjetischen Medien lassen solche Erwartungen bewußt aufkommen. Am 15. Mai, am Rand der Feierlichkeiten zum österreichischen Staatsvertrag, hatte Molotow sogar in kryptischen Worten die Möglichkeit einer Änderung der Oder-Neiße-Grenze angedeutet. Vom »Vorbild Österreich« ist in der »Frankfurter Allgemeinen Zeitung« die Rede, und der FDP-Vorsitzende Thomas Dehler äußert die Meinung, man hätte für Deutschland schon in der Vergangenheit das erreichen können, was jetzt in Österreich erreicht worden war. »Die Russen«, teilt der österreichische Außenminister Leopold Figl dem CSU-Vorsitzenden Hanns Seidel mit, hätten die Absicht, »einer Wiedervereinigung Deutschlands in Freiheit zuzustimmen, diesem Deutschland militärische Kräfte zuzugestehen und einen Teil des Gebiets jenseits der Oder-Neiße-Linie zurückzugeben; die einzige Gegenleistung der Bundesrepublik müsse sein, daß Deutschland sich aus dem NATO-Bündnis löse«. Das aber wollte Adenauer, der von diesem Gespräch erfährt, auf keinen Fall. Aus den bekannten Gründen, die ihn schon immer nichts mehr fürchten ließen, als daß durch einen damit verbundenen Rückzug der Amerikaner ein geschwächtes Mitteleuropa entstehen könnte, mit dem die Sowjets dann ein leichtes Spiel hätten. Seine erste Reaktion auf die Einladung nach Moskau ist folgerichtig eine Reise nach Washington.

Am 18. Juli beginnt in Genf eine Gipfelkonferenz der Regierungschefs der vier ehemaligen Siegermächte, die hier zum ersten Mal seit Potsdam wieder an einem Tisch sitzen. Aus Moskau sind Chruschtschow und Ministerpräsident Bulganin angereist. Die Sowjetunion macht dort allerdings deutlich, daß sie den Tagesordnungspunkt der Wiedervereinigung Deutschlands »in den Hintergrund zu schieben« gedenkt und statt dessen über die Normalisierung der Ost-West-Beziehungen auf der Grundlage des Status quo reden möchte. Ein gesamtdeutsches Sicherheitssystem im Rahmen einer europäischen Sicherheitsordnung ist ihre Vorstellung, nach der in diesem Rahmen NATO und Warschauer Pakt für eine Übergangszeit von drei Jahren weiterbestehen sollten, allerdings unter dem gemeinsamen Dach eines gesamteuropäischen Sicherheitspakts. Dieser Pakt sollte nach Auflösung der Militärblöcke für weitere fünfzig Jahre gelten. Wieder, wie schon 1954, hatte die Sowjetunion damit das Thema kollektiver Sicherheit in Europa auf den Tisch gelegt, das sie bis zur Konferenz über Sicherheit und Zusammenarbeit in Europa in den siebziger Jahren nachhaltig beschäftigen wird.

Diese Überlegungen bilden auch den Hintergrund für das Angebot an Bonn zur Aufnahme diplomatischer Beziehungen. »Man kann nicht umhin zu berücksichtigen«, so Chruschtschow am 26. Juli bei einem Zwischenaufenthalt in Ostberlin nach dem Ende der Genfer Konferenz, »daß jetzt in Europa neue Verhältnisse entstanden sind und daß wir auf der Suche nach Wegen zur Vereinigung Deutschlands diese Verhältnisse in Rechnung stellen müssen. Ist denn nicht klar, daß die mechanische Vereinigung beider Teile Deutschlands, die sich in verschiedene Richtungen entwickeln, eine unrealistische Sache ist?« Und weiter: »In der entstandenen Situation ist der einzige Weg zur Vereinigung Deutschlands die Schaffung eines Systems der kollektiven Sicherheit in Europa, die Festigung und Entwicklung wirtschaftlicher und politischer Kontakte zwischen beiden Teilen Deutschlands. Man kann die deutsche Frage nicht auf Kosten der Interessen der Deutschen Demokratischen Republik lösen.« Das waren die Realitäten, mit denen Adenauer in der Sowjetunion konfrontiert sein würde.

Rechte Seite: Auch eine Form der Wiederbewaffnung: Die Schützenvereine (hier in Steinfeld/Niedersachsen) feiern fröhliche Urständ, allerdings nur in der BRD. In der DDR bleiben sie bis 1990 verboten.

Otto John: »Einmal Verräter, immer Verräter.«

Am 20. Juli 1954 nimmt Otto John, der Chef des westdeutschen Verfassungsschutzes, in Berlin-Plötzensee an der Gedenkfeier zum 10. Jahrestag des mißglückten Hitler-Attentats teil. Sein Freund Prinz Louis Ferdinand von Preußen lädt ihn für den Abend in sein Hotel ein. John lehnt ab: Er könne nicht kommen. Nur Stunden später verschwindet John über die Sektorengrenze nach Ostberlin.

Drei Wochen später stellt sich John dort der Weltpresse. Seine Kritik gilt vor allem der Wiederaufrüstung und »Renazifizierung« in der Bundesrepublik. Scharf greift er auch den schon 1923 am Münchener Hitler-Putsch beteiligten Vertriebenenminister Theodor Oberländer an. Die westdeutsche Presse schlägt zurück. Weil er nach dem Hitler-Attentat im Juli 1944 in Spanien untergetaucht ist, beschimpft ihn »Die Welt«, er habe damals die Kameraden, darunter seinen Bruder, in den Fängen Hitlers und Freislers zurückgelassen. Reinhard Gehlen, Chef des Auslandsgeheimdienstes, urteilt: »Einmal Verräter, immer Verräter.« Der Geheimdienstmann spricht aus, was viele Deutsche über die Emigranten denken – und was jetzt von dem Überläufer John zu halten ist.

Anderthalb Jahre später, Mitte Dezember 1955, verläßt eine Limousine durch das Brandenburger Tor den sowjetischen Sektor. Im Fond sitzt Otto John. Am folgenden Tag sagt er in der Untersuchungshaft aus, er sei vor siebzehn Monaten entführt worden, habe zum Schein kooperiert und auf eine Fluchtmöglichkeit gewartet.

Die westdeutschen Behörden glauben ihm nicht. Er wird vor Gericht gestellt und zu vier Jahren Gefängnis verurteilt. Nach der Entlassung kämpft er fast drei Jahrzehnte für seine Rehabilitation. Seine Autobiographie endet mit den Worten: »Ich will nicht als Verräter sterben.«

Die Reise nach Moskau war Mitte der fünfziger Jahre ein ungeheures Medienereignis. Zwei Wochen, bevor sich die Bonner Delegation an Bord zwei neuer *Super-Constellations* der Lufthansa auf den Weg machte, hatte im Moskauer Dynamo-Stadion die sowjetische Auswahl die westdeutsche Fußballnationalmannschaft mit 3:2 besiegt. 1500 Fans durften bei diesem Ereignis dabei sein, der »Kicker« kam mit einer achtseitigen Sonderbeilage auf den Markt. Zehn Jahre nach dem Ende des Krieges war das Interesse der Deutschen an Rußland enorm. Doch es war ein weitgehend unbekanntes Land. »Eine Reise ins Ungewisse«, meinte Adenauers Pressesprecher Felix von Eckardt, sei das Unternehmen des Kanzlers.

Ungewiß war an dieser Reise vieles. Man werde dort nicht viel erreichen, hatte Adenauer Dulles im Juni fast abwinkend mitgeteilt. Wollte Moskau mit der Einladung nur sein Zwei-Staaten-Konzept absegnen lassen? Am besten, so Außenminister von Brentano, sollte man es in Moskau nicht zur Aufnahme von diplomatischen Beziehungen kommen lassen. War es ein Staatsbesuch? Ein Arbeitsbesuch? Der große Bahnhof am Flughafen Wnukowo läßt jedoch keinen Zweifel daran, wie die sowjetische Führung die Visite wertet. Die Spitzen des sowjetischen Kabinetts sind erschienen. Das Deutschlandlied wird intoniert, und Adenauer muß eine Ehrenkompanie abschreiten. Die sowjetische Führung bewertet das Ereignis eindeutig als Staatsbesuch. Und schon in der ersten Verhandlungsrunde redet sie Klartext.

Durch die Pariser Verträge seien in der Frage der Wiedervereinigung Hindernisse entstanden, wovor Moskau immer wieder gewarnt habe. Jetzt, so Molotow, sei es an den Deutschen selbst, die Initiative zu ergreifen. Was die von Adenauer angesprochene Frage der Kriegsgefangenen anbetrifft, erklärt Bulganin, es gebe in der UdSSR keine Kriegsgefangenen mehr, sondern nur noch 9626 verurteilte Kriegsverbrecher. Mit diesem Pfund, das merkt Adenauer bald, will man die Aufnahme diplomatischer Beziehungen erzwingen. Der Kanzler muß auch zur Kenntnis nehmen, daß er ein historisch belastetes Land vertritt, als Chruschtschow das Thema auf die Greuel des Krieges lenkt und dabei in Rage gerät.

Adenauer kann mit so etwas nicht umgehen. War es diese Unsicherheit, die ihn am Abend des zweiten Verhandlungstages im Bolschoi-Theater zu einer ungewöhnlichen Geste veranlaßte? *Romeo und Julia* nach der Musik von Prokofjew wurde gegeben. Als sich die Häupter der verfeindeten Familien Capulet und Montague in die Arme sinken, hebt der Kanzler plötzlich seine Hände und legt sie unter dem rauschenden Beifall des Publikums in die Bulganins. Es war eine Geste der Versöhnung, die von der auch zu Hause praktizierten Voraussetzung ausging, man solle »nicht zu tief in die Vergangenheit hineinsehen«, wie er sich Chruschtschow gegenüber geäußert hatte, »weil wir dann nur Hindernisse aufbauen«.

Im Ergebnis bekommen die Sowjets das, was sie wollten – die sofortige Aufnahme diplomatischer Beziehungen. Auch wenn Adenauer noch einmal betont, daß die Bundesrepublik damit keineswegs auf ihren Rechtsstandpunkt in der deutschen Frage verzichte, und dies in einem »Brief zur deutschen Einheit« festhält. Eine schriftliche Vereinbarung zur Kriegsgefangenenfrage erreicht er nicht. Er hat nur das sowjetische Ehrenwort in der Hand, als er wieder abreist.

Der deutschen Delegation, berichtet Adenauer dem Bundespräsidenten nach seiner Rückkehr, sei »nach Herstellung des russischen Junktims zwischen Kriegsgefangenenfrage und Herstellung der diplomatischen Beziehungen gar nichts anderes übrig geblieben, als dem baldigen Austausch

IB 78-62

Der Wartburg: Ein Exportschlager der DDR

1955 beginnt in Eisenach die Produktion des ersten in der DDR entwickelten Autos. Bis dahin hat das alte BMW-Werk unter neuer, sozialistischer Führung zehn bewegte Nachkriegsjahre hinter sich gebracht. Kurz nach dem Einmarsch der russischen Armee fällt das Werk an die Besatzer. Unter dem Namen »Awtowelo« baut die Belegschaft im Schatten der legendären Wartburg einige Jahre BMW-Vorkriegsmodelle. 1952 geht das Unternehmen in den Besitz der jungen DDR über, die den volkseigenen Betrieb zunächst in Eisenacher Motorenwerk (EMW), dann in VEB Automobilwerke Eisenach (AWE) umbenennt.

Der seit der Werksgründung in Eisenach 1896 lange dominierende Bau repräsentativer Limousinen kann im sozialistischen Staat nicht mehr Ziel von Entwicklung und Produktion sein. So bauen die AWE zunächst ein kleines DKW-Modell nach. Dann bringen die Eisenacher 1955 den »Wartburg 311« mit 27 PS heraus. Es ist das erste moderne Mittelklasse-Auto aus DDR-Produktion. Bis 1966 läuft es unter anderem als Limousine, Cabriolet, Coupé, Campingwagen, Sport- und Kombiwagen durch die Montage.

Die Produktion hält mit dem Bedarf nie Schritt. Im ersten Jahr liefern die Eisenacher 160 Wagen aus, im folgenden 14 200, danach 24 000 jährlich. Viele der Autos gehen ins sozialistische Ausland: in die UdSSR, in die Tschechoslowakei, Rumänien oder Ungarn. Der Wartburg ist aber auch im Westen ein DDR-Exportschlager. Viele Modelle finden Abnehmer in Finnland und Dänemark, weil in den skandinavischen Ländern auf dem robusten Auto keine Luxussteuer liegt.

Insgesamt findet der Wartburg Käufer in 55 Ländern. Vom 311er und den beiden Nachfolgemodellen 312 und 353 produziert das Werk bis 1988 über 1,2 Millionen Exemplare.

von Botschaftern zuzustimmen«. Dabei hatte Chruschtschow, wie man heute weiß, ihre Freilassung schon längst, spätestens im Juli 1955, beschlossen. Vier Wochen nach der Moskau-Reise treffen die ersten Heimkehrer im Lager Friedland ein. Adenauers Popularität in der Bundesrepublik erreicht einen neuen Höhepunkt.

In Wirklichkeit aber hatte sich in Moskau, wie der dortige amerikanische Botschafter Charles Bohlen entsetzt nach Washington meldet, »der vollständige Zusammenbruch der deutschen Position während dieser Verhandlungen« abgespielt. Adenauer, so der britische Botschafter in Paris, Gladwyn Jebb, habe in Moskau den Status quo in Deutschland und Europa stillschweigend anerkannt. »Die These«, so Rolf Steininger über das eigentliche Ergebnis der Moskauer Verhandlungen, »wonach die

Linke Seite: Ein Wartburg, Prestigeauto der DDR, vor dem Magdeburger Dom, 1957.

Überwindung der Teilung Deutschlands Voraussetzung jeder Entspannung in Europa sei, hatte an Plausibilität verloren.« Daran konnte auch die sogenannte Hallstein-Doktrin nichts ändern, die in Wirklichkeit von Ministerialdirektor Wilhelm Grewe stammte und die noch während des Rückflugs aus Moskau zu Papier gebracht wurde. Sie verkündete den Alleinvertretungsanspruch der Bundesrepublik für Deutschland und drohte jedem Land, das seine Verhältnisse zur DDR normalisieren wollte, mit dem Abbruch der Beziehungen. Bald stellte sich jedoch heraus, daß sich Bonn mit dieser Doktrin erpreßbar gemacht hatte. Adenauer hatte die Bundesrepublik erfolgreich auf den Weg der Westintegration geführt. Jetzt bugsierte er sie mit der Hallstein-Doktrin in eine offensichtliche Sackgasse.

Konrad Adenauer fliegt u. a. mit Kurt Georg Kiesinger am 8. September 1955 nach Moskau. Die Moskaureise bringt diplomatische Beziehungen der Bundesrepublik zur Sowjetunion und die Freilassung der letzten deutschen Kriegsgefangenen.

Rechte Seite: Am 23. Mai 1955 kehrt, als Ergebnis des Adenauer-Besuchs in Moskau, dieser Mann aus sowjetischer Kriegsgefangenschaft in seine Heimatstadt Lohne zurück.

Am 13. September war Adenauer aus Moskau abgereist. Wenige Tage später trifft Otto Grotewohl, der Ministerpräsident der DDR, dort ein. Der Besuch folgt einer genau abgestimmten Dramaturgie der sowjetischen Diplomatie. Erst jetzt, nachdem zwischen der Bundesrepublik und der Sowjetunion diplomatische Beziehungen aufgenommen worden sind, erhält die DDR von Moskau ihre staatliche Souveränität zugesichert. TASS erklärt allerdings einschränkend, die Sowjetregierung betrachte sowohl die Bundesrepublik als auch die DDR als Teile Deutschlands. Am 20. September 1955 wird in Moskau der Staatsvertrag zwischen der UdSSR und der DDR unterzeichnet. Damit beendet die Sowjetunion offiziell ihre Besatzungsherrschaft. Am 26. September erläßt die Volkskammer ein Gesetz über Staatswappen und Staatsflagge der DDR und ändert Artikel 5 der Verfassung, in dem nun der Wehrdienst als »eine ehrenvolle nationale Pflicht der Bürger der DDR« bezeichnet wird. Am 18. Januar 1956 passiert das Gesetz zur Schaffung der Nationalen Volksarmee und des Ministeriums für Nationale Verteidigung das ostdeutsche Parlament. Erst jetzt, am 28. Januar, werden Vertreter der DDR auch in das Oberkommando des Warschauer Pakts aufgenommen. »Bis Moskau dem real existierenden DDR-Sozialismus eine Bestandsgarantie gab«, schreibt Wilfried Loth, »vergingen, vom Kriegsende an gerechnet, zehn Jahre.« Es war ein langer Weg, aber er war nun – für mehr als 30 Jahre – irreversibel.

DAS JAHR 1956

Das kurze Tauwetter in der DDR

»Kann Moskau in der Industrie mit uns gleichziehen?« Diese Frage stellt sich der Amerikaner P. Mosely 1955 und kommt zu der überraschenden Antwort: »Das ist durchaus denkbar.« Als Nikita S. Chruschtschow am 14. Februar des kommenden Jahres den XX. Parteitag der KPdSU eröffnet, kann er auf eine durchaus beachtliche Erfolgsbilanz verweisen. Die landwirtschaftliche Produktion war in den letzten zwei Jahren um fast 30 Prozent gestiegen, und auch in den industriellen Sektoren hatte es Fortschritte gegeben. Es ist der erste Parteitag nach Stalins Tod. Der XX. Parteitag der KPdSU, erklärt das Zentralorgan der SED, »Neues Deutschland«, werde »das vor einem Jahrzehnt von Stalin gesetzte Fernziel«, die kapitalistischen Länder in der Pro-Kopf-Produktion zu überholen, zur Hauptaufgabe erklären. »Es lebe die unbesiegbare Lehre von Marx, Engels, Lenin und Stalin!« verkündet Ulbricht in einer Grußbotschaft an die sowjetischen Genossen, bevor er an der Spitze einer SED-Delegation nach Moskau abreist. Nach elf Tagen geht der Parteitag am 24. Februar abends zu Ende.

Neue Akzente hatte es vor allem auf außenpolitischem Gebiet gegeben. Chruschtschow sprach über die Notwendigkeit der »friedlichen Koexistenz« zwischen Sozialismus und Kapitalismus und erteilte Stalins Lehre von der Unvermeidlichkeit der Kriege im Zeitalter des Imperialismus eine Absage. Ansonsten hatte es während der elf Tage kaum Kritik an dem 1953 verstorbenen Sowjetführer gegeben – außer in einer Rede von Anastas Mikojan, die das Thema »Personenkult« berührte und in vorsichtigen Andeutungen dessen folgenschwere Auswirkungen schilderte.

Die Delegierten waren schon mit den Vorbereitungen für die Abreise beschäftigt, als sie gegen Mitternacht des 24. Februar plötzlich wieder in den Kreml gerufen werden. Die bevorstehende Nachtsitzung des Parteitags, wird ihnen eröffnet, sei nichtöffentlich. Ausländische Gäste, auch Walter Ulbricht, sind nicht zugelassen. Chruschtschow rechnet in dieser Nacht mit Stalin ab. Ende Januar hatte eine Untersuchungskommission, die auf seine Veranlassung hin eingesetzt worden war, einen siebzigseitigen Bericht über die

Linke Seite: Mit dem neuen Parteichef Nikita Chruschtschow beginnt 1956 die Auseinandersetzung mit dem Stalinismus. Walter Ulbricht (rechts) folgt zunächst nur widerwillig.

Verbrechen der Stalinära vorgelegt, in dem von »schändlichen Verstößen gegen die Gesetzlichkeit« und von »tierischen Quälereien« unschuldiger Opfer die Rede war. Ob man den Delegierten diese Wahrheiten zumuten sollte, blieb eine Zeitlang umstritten. Doch Chruschtschow hatte sich schließlich durchgesetzt, als er nach Mitternacht noch einmal das Podium betritt und vier Stunden lang im Namen des soeben neu gewählten Zentralkomitees *Über den Personenkult und seine Folgen* referiert. Es ist eine denkwürdige Sitzung, in der Chruschtschow vor einem erschütterten Auditorium seinen Geheimbericht vorträgt. »Die Empörung, die in ihm zum Ausdruck kommt, und seine klare Sprache«, so der französische Historiker François Furet, »machen ihn zu einem in der gesamten kommunistischen Literatur einzigartigen Dokument.« Chruschtschow hat darin Stalin unter anderem vorgeworfen, den Begriff des »Volksfeindes« persönlich erfunden und damit »die Anwendung grausamster Unterdrückung« nach Belieben gerechtfertigt zu haben.

Ulbricht, der sich schon zur Ruhe gelegt hat, wird um 3 Uhr morgens zusammen mit den anderen SED-Delegierten geweckt. Noch während Chruschtschow im Kreml sprach, hatten Emissäre die Aufgabe übernommen, die Gäste der ausländischen Bruderparteien über den Inhalt der Rede zu informieren. Ulbricht macht sich einige Aufzeichnungen, doch er zeigt keine Regung, anders als die Zuhörer von Chruschtschows Rede, die immer wieder von lauten Ausrufen der Verwunderung und Empörung unterbrochen wurde. Beim Frühstück hat er sich offenbar schon eine Meinung gebildet. »Du kannst ja ruhig sagen, daß Stalin kein Klassiker ist«, sagt er da kalt und ohne jede Emotion zu Karl Schirdewan, der den Auftrag erhalten hatte, zu Hause über die Ergebnisse des Parteitags zu berichten. Viel mehr gab es dazu in seinen Augen nicht zu sagen.

Zurück in der DDR, veröffentlicht er am 4. März im »Neuen Deutschland« seine eigene Sicht der Dinge. »Wenn man von Genossen gefragt wird, ob Stalin zu den Klassikern des Marxismus gehört«, so Ulbricht, »kann man nur darauf antworten: Zweifellos hat Stalin nach dem Tode Lenins bedeutende Verdienste beim Aufbau des Sozialismus und im Kampf gegen die parteifeindlichen Gruppierungen der Trotzkisten, Bucharinleute und bürgerlichen Nationalisten. Als sich Stalin jedoch später über die Partei stellte und den Personenkult pflegte, erwuchsen der KPdSU und dem Sowjetstaat daraus bedeutende Schäden. Zu den Klassikern des Marxismus kann man Stalin nicht rechnen.« In keinem Wort ist da von Stalins Terror und etwaigen Auswirkungen des Stalinismus auf die SED die Rede. Ulbricht wollte die unangenehme Debatte so schnell wie möglich beenden.

Das gelang ihm allerdings schon deshalb nicht, weil am 17. März der volle Wortlaut der Chruschtschow-Rede in London veröffentlicht wurde

Bertolt Brecht: Der Mann im Garten am See

In den letzten fünfzehn Monaten seines Lebens kommt Brecht wieder viel herum. Im Mai 1955 reist er mit Helene Weigel nach Moskau, wo er im Kreml den Stalin-Preis entgegennimmt. Im Juni ist er in Paris, wo der »Kaukasische Kreidekreis« Erfolge feiert. Und im Winter fährt er mit seinem »Schiefgirl« Elisabeth Hauptmann und Tochter Hanne Hiob nach Mailand, wo Giorgio Strehler die »Dreigroschenoper« inszeniert.

Anfang Mai 1956 erkrankt Brecht und zieht sich für den Sommer in sein Haus nach Buckow zurück. Er hat es vor vier Jahren gemeinsam mit Helene Weigel entdeckt: »mit helli in buckow in der märkischen schweiz landhäuser angesehen. finden auf schönem grundstück am wasser des schermützelsees unter alten großen bäumen ein altes, nicht unedel gebautes häuschen mit einem andern geräumigeren aber ebenfalls einfachen haus daneben ... etwas der art wäre erschwinglich, auch im unterhalt. in das größere haus könnte man leute einladen.«

In diesem letzten Sommer schwimmt Brecht im See, legt Patiencen oder schmökert in Kriminalromanen. Den Garten überläßt er »Helli«. Die begeisterte Köchin bewirtet auch die ständig eintreffenden Freunde und Mitarbeiter. Brecht würdigt ihre Leistung in einer seiner »Buckower Elegien«:

Am See, tief zwischen Tann und Silberpappel
Beschirmt von Mauer und Gesträuch ein Garten
So weise angelegt mit monatlichen Blumen
Daß er vom März bis zum Oktober blüht.

Hier, in der Früh, nicht allzu häufig, sitz ich
Und wünsche mir, auch ich mög allezeit
In den verschiedenen Wettern, guten, schlechten
Dies oder jenes Angenehme zeigen.

Am 14. August stirbt Brecht an den Folgen eines Herzinfarkts. Er wird drei Tage später auf dem Dorotheenstädtischen Friedhof unterhalb seiner Berliner Wohnung in der Chausseestraße begraben.

---

und noch am selben Tag durch Meldungen westdeutscher Rundfunk- und Fernsehsender auch in der DDR in Auszügen die Runde machte. Ulbricht sieht sich jetzt gezwungen, auch eigene Fehler zuzugeben. Wenige Tage später wird er auf der dritten Parteikonferenz der SED sogar mit ersten Unmutsäußerungen konfrontiert. Nachdem Karl Schirdewan dort den gesamten Text der Chruschtschow-Rede vorgetragen hatte, erwarteten viele nun den Beginn einer Diskussion über innerparteiliche Reformen. Das wollte Ulbricht auf keinen Fall. Er referiert ungerührt ausschließlich über Wirtschaftsfragen, über den Maisanbau in der DDR und das Herannahen der zyklischen Krise in der Bundesrepublik - und muß dabei erleben, daß eine Reihe von Delegierten während seiner Rede den Versammlungsraum demonstrativ verläßt. So etwas hatte es noch nie gegeben. Während einer Ehrung für Spanienkämpfer im Juni kommt es zu öffentlichen Antipathiebekundungen gegen ihn, und bei einer Veranstaltung in Leipzig wird er regelrecht ausgepfiffen. Das Tauwetter, das Chruschtschow ausgelöst hatte, hat nun auch die DDR erreicht.

»Gibt es in der SED einen Personenkult?« fragt Fred Oelßner am 3. Juli auf einer Sitzung des Politbüros. Jeder der Anwesenden weiß, an welche Adresse diese Frage gerichtet ist. »Jawohl, es gibt ihn«, so Oelßner, »und im Zusammenhang damit ein persönliches Regime, das hauptsächlich vom Genossen Ulbricht ausgeübt wird. Nach dem XX. Parteitag der KPdSU ist es - unter dem Druck des Feindes - sogar stärker geworden.« Mit dieser Antwort auf eine rhetorisch gestellte Frage beginnt eine neue Fronde gegen Walter Ulbricht offen auszubrechen, die - anders als im Juni 1953 - alle Ebenen der Partei erfaßt. Der Haß auf Ulbricht und seine Eigenmächtigkeiten muß groß gewesen sein. Jetzt hat dieser Haß durch Chruschtschows Enthüllungen auf dem XX. Parteitag ein Ventil gefunden, einmal abgesehen davon, daß Oelßner den SED-Chef durch den Begriff »persönliches Regime« auch in eine unselige deutsche Tradition einordnet. Mit diesen Worten wurden gemeinhin die unberechenbaren Züge des letzten deutschen Kaisers gekennzeichnet.

Oelßner erhält bald Unterstützung von Karl Schirdewan, den Chruschtschows Enthüllungen über den Terror und die Verbrechen Stalins offenbar tief beeindruckt hatten. Vor allem aber war es durch das Tauwetter in Moskau möglich geworden, jetzt endlich einmal hausgemachte eigene Probleme offen zur Sprache zu bringen, die Leuten wie Oelßner und Schirdewan schon länger unter den Nägeln brannten. Das betraf die Tabuisierung der wirklichen Ursachen für die ständig steigenden Flüchtlingszahlen ebenso wie Ulbrichts großspurige Ankündigung einer 55prozentigen Steigerung der industriellen Bruttoproduktion bis 1960, die er ohne Absprache im Politbüro auf der dritten Parteikonferenz eigenmächtig verkündet hatte. Solche Fanfarenstöße, meinten die beiden, unterstützt von Wirtschaftsfunktionären wie Gerhart Ziller, Bruno Leuschner und Fritz Selbmann, würden die Autorität der Partei bei der Bevölkerung ohne Not nur weiter untergraben. Für die Republikflucht sei unter anderem auch die verfehlte Politik der zwangsweisen Kollektivierung in der Landwirtschaft

Landwirtschaftsschau in Mecklenburg mit Bildnis des Saatspräsidenten Wilhelm Pieck, 1954. Der Personenkult gilt nicht nur dem SED-Vorsitzenden Ulbricht, sondern neben Pieck auch dem Ministerpräsidenten Otto Grotewohl. Alle Nischen der Gesellschaft drohen politisiert zu werden.

verantwortlich und keineswegs allein »imperialistische Hetze« und die organisierte Abwerbung von Fachkräften. Schirdewan fordert, darin von Chruschtschow unterstützt, eine offene Diskussion über politische Fehler und die konsequente Entstalinisierung der SED. Ulbricht droht jedem, der für solche Reformen eintritt, in einem unbeherrschten Moment im Juli 1956, er werde »alle verhaften« lassen. Doch so lange das Tauwetter in Moskau andauert, ist das nicht so ohne weiteres möglich. »Ungestraft konnte man Meinungen äußern«, so ein SED-Oppositioneller über diese Zeit, »daß die politische Linie Ulbrichts der letzten Jahre verändert werden müsse.«

Der XX. Parteitag hatte seine Auswirkungen auch in den »sozialistischen Bruderstaaten«. Zuerst in Polen. Nachdem im Juni bei einer Demonstration von Arbeitern in Posen, die das »Ende des Kommunismus« sowie »Brot und Freiheit« gefordert hatten, 53 Demonstranten getötet worden waren, war dort eine ernsthafte Krise entstanden. Im August demonstrieren Katholiken in Tschenstochau vor dem Schrein der Schwarzen Madonna. Kurz zuvor war Bulganin und dem sowjetischen Marschall Schukow die Teilnahme an einer Konferenz des Zentralkomitees der

Otto Dibelius ist von 1945 bis 1966 Bischof der Evangelischen Kirche von Berlin-Brandenburg. Nach dem Bau der Mauer im August 1961 darf der in Westberlin ansässige Bischof nicht mehr nach Ostberlin und in die DDR einreisen, setzt aber sein Engagement für die Einheit der evangelischen Kirchen in Ost- und Westdeutschland unvermindert fort.

Kirche in der DDR: Gottglaube im atheistischen Staat

Als einzige größere Organisation in der DDR verteidigen die Kirchen eine gewisse Autonomie gegenüber Staat und Partei. Sie verfügen über beträchtlichen Besitz an Land und Gebäuden, betreiben eigene Schulen und Krankenhäuser und sind in ihren Personalentscheidungen weitgehend unabhängig.

Die SED will die klare Trennung der Kirche von Staat und Schule. Sie beendet den Religionsunterricht an den Schulen. Sie setzt nach 1954 die Jugendweihe an die Stelle von Konfirmation und Erstkommunion. Und sie schafft die Kirchensteuer ab. Mitglieder der Kirchen müssen außerdem mit beruflichen Schwierigkeiten rechnen. Der Aufstieg in eine Führungsposition oder die Arbeit im Staatsdienst ist nahezu ausgeschlossen.

Dennoch können die Kirchen Freiräume verteidigen. Denn der SED ist bewußt, daß sie kurzfristig nicht allen Einfluß und ihre Bedeutung verlieren werden. Jeder Versuch, die seelsorgerische und soziale Arbeit der Geistlichen zu unterdrücken, würde zu heftigem Widerstand führen. So sucht die SED einen Weg, die protestantische Kirche in den Aufbau des Sozialismus einzubinden.

Die katholische Kirche arbeitet in den Stammländern des Protestantismus mit der Gelassenheit einer Institution, die auf fast zweitausend Jahre Geschichte zurückblickt. Ihre apolitische, allein dem religiösen Auftrag verpflichtete Haltung ermöglicht ihr die größtmögliche Distanz zum neuen Staat. Es wird zu keinem Zeitpunkt den Versuch geben, die römisch-katholische Kirche als Kirche im Sozialismus neu zu definieren.

Am Ende siegt der Glaube über den Sozialismus. Zwar wird die DDR zu einem in weiten Teilen atheistischen Land. Aber vor allem in der evangelischen Kirche formieren sich in den achtziger Jahren Widerstandsgruppen, die später wesentlich zum Sturz des sozialistischen Staates beitrugen.

Für den Bildberichterstatter gestellt wird dieser »Vorfall an der Zonengrenze« bei der westthüringischen Stadt Vacha zu Beginn der sechziger Jahre.

polnischen kommunistischen Arbeiterpartei untersagt worden, und sie mußten unverrichteter Dinge wieder nach Moskau zurückfliegen. Władysław Gomułka, der während der stalinistischen Zeit lange Jahre im Gefängnis gesessen hatte, galt als der kommende Mann. Im Oktober hält er auf dem Parteitag eine Rede, die direkt im Rundfunk übertragen wird. Die Polen, sagt er da, müßten bei den nächsten Wahlen die Möglichkeit erhalten, »eine Wahl zu treffen und nicht nur ihre Stimme abzugeben«. In dieser Zeit wäre es beinahe zu einem Zusammenstoß mit unabsehbaren Folgen gekommen. Am 18. Oktober landet eine sowjetische Delegation mit Chruschtschow, Molotow, Mikojan und Kaganowitsch in Warschau, während zur gleichen Zeit sowjetische Truppen in Polen und der DDR Stellung beziehen. Gomułka befiehlt daraufhin der polnischen Armee, die Einfallstraßen nach Warschau zu sichern. Doch im Ergebnis kommt es zu einem Kompromiß, der bald in Moskau bekräftigt wird. Beide Seiten sind zu der Einsicht gelangt, daß sie aufeinander angewiesen sind.

»Solange es Stützpunkte der NATO in Westdeutschland gibt«, begründet Gomułka den Kompromiß mit Chruschtschow in einer Ansprache an die Warschauer Bevölkerung am 24. Oktober, »solange die neue Wehrmacht dort aufgerichtet wird und Chauvinismus und Revisionismus gegen unsere Grenzen anstiftet, entspricht die Anwesenheit der Sowjetarmee in Deutschland unserer höchsten Staatsräson.« Die Sowjetunion

Täve Schur: Der größte Sportler der DDR

Der Radrennfahrer Gustav-Adolf »Täve« Schur ist schon zweifacher Sieger der Friedensfahrt, zweifacher Weltmeister der Amateure, doppelter Medaillengewinner bei Olympischen Spielen und mehrfacher DDR-Meister im Straßenrennen, als er seine Popularität noch einmal steigert: Bei den Weltmeisterschaften auf dem Sachsenring verzichtet der gebürtige Heyrothsberger 1960 zugunsten seines Teamkameraden Bernhard Eckstein auf den Titel. Als Eckstein antritt, hält Schur den Belgier Willy van den Berghen in Schach, läßt seinen Freund ziehen und sprintet am Ende sogar noch auf den zweiten Platz. Diese selbstlose Haltung trägt zum »Mythos Täve« bei, dessen Dimension eine Umfrage zeigt: Schur wird 1990 mit fast der Hälfte aller Stimmen zum größten DDR-Sportler aller Zeiten gewählt.

Die Liebe zum Radsport wächst bei dem Sohn eines Heizers mit vier Geschwistern aus sehr pragmatischen Gründen: Er lernt im sechs Kilometer von seinem Heimatort entfernten Körbelitz als Mechaniker. Im ersten Jahr nimmt er den Bus, dann ergattert er irgendwo ein altes Fahrrad, poliert es auf und spart so das Fahrgeld.

Seine Erfolge bringen ihm nicht nur neun Auszeichnungen als DDR-Sportler des Jahres (1953 bis 1961) ein, sondern führen ihn auch in die Politik. Schur tritt nach seinem WM-Sieg 1958 in die SED ein und gehört der Partei bis 1990 an. Von 1959 bis nach dem Fall der Mauer sitzt er als Abgeordneter in der Volkskammer. Im wiedervereinten Deutschland engagiert er sich in der PDS, für die er über die Landesliste Sachsen 1998 in den Bundestag einzieht.

Auf dem Rad ist Täve Schur auch 2006 noch unterwegs. Jede Woche fährt er mehrmals 80 km über die Landstraßen seiner Heimat.

konnte dankbar dafür sein, daß die Westdeutschen immer noch davon ausgingen, sie könnten eines Tages die »unter polnischer Verwaltung« stehenden Ostgebiete zurückfordern. Bei der Bewältigung der polnischen Krise vom Herbst 1956 kam ihr dieser Umstand jedenfalls sehr zu Hilfe. Auch Ulbricht profitiert von dieser Krise. Stabile Verhältnisse in der DDR waren für Moskau nach dem polnischen Oktober wichtiger denn je, denn durch die sowjetischen Truppen dort konnte auch Polen in Schach gehalten werden.

Doch die Krise im Ostblock war mit dem polnischen Kompromiß nicht vorüber. Am 23. Oktober hatten Studenten und Arbeiter in Budapest während einer Massendemonstration eine überlebensgroße Stalinstatue vom Sockel gestürzt. Einen Tag später wird der Reformkommunist Imre Nagy zum neuen ungarischen Ministerpräsidenten ernannt. Er verkündet am 30. Oktober »die Aufgabe des Einparteiensystems«. Er tat dies bereits unter dem Eindruck sowjetischer Panzer, die am 24. Oktober die Budapester Demonstration gewaltsam beenden wollten. Am 31. Oktober erklärt Nagy den Austritt Ungarns aus dem Warschauer Pakt. Diesen Schritt hatte Gomułka nicht einmal in Erwägung gezogen. Imre Nagy aber kostet er das Leben. Er wird nach der nun folgenden blutigen Eroberung Budapests durch die Rote Armee festgenommen und in einem Geheimprozeß zum Tode verurteilt. Über zwanzigtausend Tote fordern die wochenlangen Kämpfe nach ihrem Beginn am 4. November.

»Mit dem Einsatz der Panzer in Budapest im November 1956 und dem Galgen für den ungarischen Ministerpräsidenten Imre Nagy und seinen militärischen Berater Pal Maleter«, schreibt Hans Mayer, »wurde auch über das Leben in der DDR entschieden.« Ende November werden Wolfgang Harich, Bernhard Steinberger und Manfred Hertwig festgenommen. Harich war zu dieser Zeit Chefredakteur der »Deutschen Zeitschrift für Philosophie«, Hertwig einer seiner Mitarbeiter. Steinberger war während der antisemitischen Kampagnen Stalins 1949 verhaftet worden und hatte die Jahre bis 1955 in sowjetischen Lagern verbracht. Sie hatten sich nach einer Reise Harichs durch Polen im Mai 1956 Gedanken über eine demokratische Reform der DDR gemacht, zu der auch der Sturz Ulbrichts und die Suche nach einem »deutschen Gomułka« gehören würde. Harich breitete seine Vorstellungen allerdings in einem Akt kaum verständlicher Vertrauensseligkeit dem sowjetischen Botschafter Puschkin aus, der Ulbricht unverzüglich von Harichs Besuch in Kenntnis setzte. Am 7. November ist Harich zu einer Aussprache bei Ulbricht geladen. Der wollte ihm vor allem Namen von Leuten entlocken, die ähnlich dachten wie Harich, doch zunächst passierte nichts. Ulbricht verharrt bis Ende November in einer Position des Abwartens, wie Manfred Hertwig berichtet, der gemeinsam mit Harich noch am 22. November davon ausging, »daß eine legale Opposition gegen Ulbricht möglich wäre«.

Doch am 24. November beginnt der erste Sturm auf Budapest, und in diesen Tagen ist auch Chruschtschows Position in Moskau mit einem Fragezeichen versehen. Ende November wird mit Molotow ein altgedienter Stalinkader zum Minister für Staatskontrolle ernannt. »Sie haben auf Chruschtschow gesetzt«, herrscht Generalstaatsanwalt Melsheimer Hertwig an, nachdem die »Gruppe« verhaftet worden ist, »und zu spät bemerkt, daß Molotow der Mann der Zukunft ist.« Ulbricht ist sich da nicht so sicher, doch mit der Verhaftung der »Gruppe« um Harich und der wenig später erfolgenden Festnahme einer weiteren »Gruppe« um den Chef des Aufbau-Verlags, Walter Janka, will er ein Exempel statuieren. Die Auseinandersetzung mit

Marktbetrieb auf dem Domplatz in Münster, um 1960. Die Kaufkraft hat sich in der BRD in einem Jahrzehnt mehr als verdoppelt.

seinen eigentlich gefährlichen Gegnern wie Karl Schirdewan, der Ulbricht als einen »schamlosen Diktator« und den zum Vertrauten Ulbrichts aufgestiegenen Erich Honecker als »Idioten« bezeichnete, zieht sich jedoch noch bis Anfang 1958 hin, als er von einem weichgeklopften Chruschtschow in Moskau das Plazet erhält, die Sache als eine interne Angelegenheit der SED zu betrachten. Als Schirdewan im Juni 1958 endgültig alle Posten verliert, trifft es gleichzeitig weitere 21 der 89 Vollmitglieder und 16 der 44 Kandidaten des Zentralkomitees. Ulbricht hat sich mit dieser Säuberung wieder einmal durchgesetzt.

Gegen die Intellektuellen wurde nach der Verhaftung Harichs nach dem Rasenmäherprinzip vorgegangen. Dem international bekannten Philosophen und Nationalpreisträger Ernst Bloch, dessen Hauptwerk *Das Prinzip Hoffnung* gerade erst in der DDR erschienen war, werden Sympathien für die Ungarn und Polen nachgesagt und das Recht abgesprochen, sich weiterhin als marxistischer Philosoph zu bezeichnen. Er wird von der Leipziger Universität zwangsemeritiert. Melsheimer hatte sogar vorsorglich einen Haftbefehl gegen ihn vorbereitet, doch Ulbricht untersagt ihm die spektakuläre Aktion. Der Leipziger Schriftsteller Erich Loest jedoch wird 1957 verhaftet, der Bloch-Schüler Gerhard Zwerenz flieht rechtzeitig nach Westdeutschland. In den Wirtschaftswissenschaften wird jede Stimme, die sich für mehr Unabhängigkeit des Wirtschaftslebens von Parteidiktaten ausspricht, unter Generalverdacht gestellt. Naturwissenschaftler wie Robert Havemann geraten unter Beschuß, weil sie offen für einen freien wissenschaftlichen Meinungsstreit eintreten. »Die SED und

Kaufkraft und Arbeitszeit in der Bundesrepublik

Ein Facharbeiter muß im Jahr 1959 im Vergleich zu 1950 – in Arbeitsstunden gerechnet – weniger als die Hälfte für den Kauf eines Volkswagens arbeiten.

Produkt		1950	1959
1 kg	Bohnenkaffee	22 h 37 min	6 h 15 min
1 kg	Kotelett	4 h 35 min	2 h 25 min
1 kg	Butter	4 h 13 min	2 h 19 min
1 kg	Magarine	2 h	47 min
1 kg	Zucker	1 h	26 min
1 kg	Mischbrot	23 min	18 min
1	Herrenoberhemd	9 h 0 min	5 h 14 min
1	Paar Schuhe	2 Tg.	10 h 42 min
1	Rundfunkgerät	15 Tg.	13 Tg. 4 h
1	Leichtmotorrad	56 Tg. 4 h	21 Tg. 0 h
1	Volkswagen	493 Tg.	174 Tg. 0 h

Quelle: Dieter Franck, Die fünfziger Jahre, 1981

ihr MfS nahmen damals in den obligatorischen Einschätzungen durchaus wahr, daß sie oft ihre produktivsten und intelligentesten Köpfe neutralisierten«, beschreibt Ehrhart Neubert den irrationalen Mechanismus dieser Art von Machterhalt: »Diese fortgesetzte und exzessive Selbstschädigung war Ausdruck der ideologischen Fixierung auf das verinnerlichte Prinzip des Klassenkampfs. Die Partei legitimierte sich in und durch die Vernichtung ihrer herbeidefinierten Gegner.« Das Vorgehen gegen die kritische Intelligenz, das in dieser Form nach dem Ungarnaufstand zum ersten Mal massiv einsetzte, war auch eine der Ursachen für einen fortschreitenden geistigen Provinzialismus in der DDR, von dem sie sich nie wieder erholen würde.

Die Entstehung der EWG

Einen Tag nach dem Sturm auf Budapest erlebt Westberlin große Demonstrationen. Die Erinnerungen an den 17. Juni waren noch wach, und die Ohnmacht dieser Tage war noch schmerzlich spürbar, als an dem trüben Abend des 5. November 1956 hunderttausend Berliner vor das Schöneberger Rathaus zogen, um für die Ungarn ihre Stimme zu erheben. Franz Neumann von der SPD und Ernst Lemmer von der CDU sind als Redner angesagt. Doch niemand will sie hören. Die Pfiffe und Buhrufe enden erst, als der ursprünglich gar nicht als Redner vorgesehene Willy Brandt vor das Mikrophon tritt. An diesem Abend ist Brandt zu der Figur geworden, mit der man Berlin in den nächsten Jahren identifizieren wird. Er ruft zum

Abbruch der Beziehungen zur Sowjetunion auf und zum Boykott aller sowjetischen Schiffe in deutschen Häfen und redet von einem Telegramm, das an die Vereinten Nationen im Namen der hier vor dem Schöneberger Rathaus Versammelten geschickt werden soll. Er ist von kaum beherrschbaren Emotionen erfaßt. »Die Hoffnungen auf ein Wunder aus Moskau versanken im Blutbad von Budapest«, schreibt er in seinen *Erinnerungen* über diesen Abend und gibt damit nur ansatzweise die Erregung wieder, die ihn damals erfaßt haben muß. Wenig später sitzt er in einem Lautsprecherwagen an der Spitze eines Zuges, der sich über den Steinplatz zum Sowjetischen Ehrenmal am Brandenburger Tor bewegt. An jenem 5. November 1956 hat Willy Brandt die Wahlen zum Regierenden Bürgermeister im Herbst 1957 gewonnen.

Konrad Adenauer sitzt am gleichen Abend in einem Sonderzug nach Paris, als ihn gegen Mitternacht ein Telegramm erreicht, daß die Sowjetunion London und Paris mit dem Einsatz von Atomraketen gedroht hat, falls die beiden Länder nicht sofort ihren Angriff auf Ägypten einstellen. Am Morgen des 5. November waren nach tagelangen Bombardierungen englische und französische Fallschirmjäger über der Suezkanalzone abgesetzt worden, um einen Konflikt mit der ägyptischen Regierung unter Gamal Abd-el Nasser über die Nationalisierung des Kanals gewaltsam zu beenden. Die Luftlandeoperation wird unterstützt durch einen israelischen Vorstoß auf dem Sinai. Alle Versuche des Sicherheitsrats und der Vollversammlung der Vereinten Nationen, den Konflikt auf einen amerikanischen Antrag hin friedlich zu beenden, waren am englischen und französischen Veto gescheitert. Mit Chruschtschows Versprechen auf friedliche Koexistenz im Februar hatte das Jahr hoffnungsvoll begonnen. Jetzt hatte sich die Welt durch die sowjetische Drohung mit »neuen furchtbaren Waffen« plötzlich über Nacht unkalkulierbar verdüstert. Es ist zwar kaum anzunehmen, daß Chruschtschow seine Drohung ernst gemeint hat, doch eine gewisse Panikstimmung in London und Paris war kaum zu vermeiden.

Als Adenauer am Morgen des 6. November die französische Hauptstadt erreicht, berichtet er nach seiner Rückkehr, hätten es die Franzosen nicht für ausgeschlossen gehalten, »daß an dem Tag, da wir in Paris waren, die ersten Raketen über Paris losgingen«. Der Empfang ist entsprechend. Adenauer wird von den Parisern stürmisch begrüßt wie ein Kampfgefährte in tiefster Not, während die *Garde civil* salutiert und das Deutschlandlied und die Marseillaise erklingen. »An diesem Morgen«, erinnert sich sein Pressesprecher Felix von Eckardt,

Rechte Seite: Im Zeitalter großer Krisen wird der Alltag der Westdeutschen vom kleinen Glück des wachsenden Wohlstands bestimmt. Hier zwei Frauen in einem Gemischtwarenladen in Aschaffenburg, Mitte der fünfziger Jahre.

NKO-KAFFEE
aus Bremen

Kleiner Mann auf kleinem Traktor bei einer niedersächsischen Landwirtschaftsausstellung, Mitte der fünfziger Jahre. Die Europäische Wirtschaftsgemeinschaft (EWG), in dieser Zeit anhaltender Krisen geboren, wird der Landwirtschaft die größten Umstellungen abverlangen. Die Zahl der in der Landwirtschaft Beschäftigten wird rapide abnehmen, eine soziale Umwälzung, die auch das Leben auf dem Lande verändert. Die beiden jungen Sportler (rechte Seite) werden in eine dynamische westdeutsche Gesellschaft hineinwachsen.

»mußte der Abgebrühteste die Bedeutung der Stunde und ihre Symbolkraft empfinden. In dieser ernstesten Stunde, die Frankreich seit dem Ende des Krieges erlebte, standen die beiden Regierungen eng zusammen.« Für die künftige französische Haltung zu Deutschland und Europa ist die Bedeutung dieses Tages kaum zu unterschätzen. Der entscheidende Durchbruch zur Europäischen Wirtschaftsgemeinschaft (EWG) ist während dieses Besuchs von Adenauer in Paris erreicht worden, als Karl Carstens und Robert Marjolin sich über alle noch strittigen Fragen des Gemeinsamen Marktes ohne größere Diskussionen schnell einig wurden.

Das Kanalabenteuer war schnell zu Ende. Die Sowjetunion hatte zwar gedroht, aber nicht einmal die Zähne gezeigt, wie es Chruschtschows Raketendrohungen hätten vermuten lassen. Bereits Ende Oktober waren die sowjetischen Piloten ägyptischer Iljuschin-28-Bomber aus den voraussehbaren Kampfzonen zurückgezogen worden, um offene Auseinandersetzungen zu vermeiden. Entsprechend zurückhaltend waren die amerikanischen Reaktionen am Morgen des 6. November – den Franzosen hatten die Amerikaner sogar mitgeteilt, sie stünden mit ihrem atomaren

Schutzschirm nicht zur Verfügung. Die USA waren entschieden gegen das militärische Engagement der Briten und Franzosen am Suezkanal – teils aus noch nicht durch Vietnam korrumpierten anti-imperialistischen Traditionen heraus, teils wegen anglo-amerikanischer Ölrivalitäten im Mittleren Osten, wie Peter Calvocoressi bemerkt. Auch Adenauer ist diese amerikanische Haltung bewußt, als er während des Mittagessens am 6. November den Franzosen rät: »Blasen Sie die Aktion am Kanal ab!«, um anschließend scharf gegen die USA zu Felde zu ziehen.

Die Briten hatten den Rückzug ohnehin schon beschlossen. Sie waren durch den Einsatz ihrer Streitkräfte in Ägypten in die größte Finanzkrise seit 1945 hineingeraten, weshalb London sich nun stärker nach Washington orientiert. Die Franzosen jedoch wenden sich – aus Enttäuschung über die Amerikaner, die sich schon vorher auch als Gegner ihrer Kolonialpolitik in Algerien erwiesen hatten – verstärkt den Deutschen zu. Darüber hinaus hatte, wie Rolf Steininger schreibt, »das von den USA und der Sowjetunion erzwungene Ende des Suez-Abenteuers in Frankreich das Gespür für die Notwendigkeit der europäischen Einigung nachhaltig verstärkt«. Über die europäische Einigung wurde in den Jahren nach dem Scheitern der EVG zäh gerungen, und sie war auch der eigentliche Grund für Adenauers Besuch in Paris gewesen.

Am 25. März 1957 werden im Saal der Horatier und Curatier auf dem römischen Kapitol die Verträge zur Gründung der Europäischen Wirtschaftsgemeinschaft und der Europäischen Atomgemeinschaft unterzeichnet. Adenauer sieht ihre Bedeutung in einer historischen Linie mit der Gründung des Norddeutschen Zollvereins im Jahre 1830, selbst wenn es schwer sei, hier »geschichtliche Urteile auszusprechen, wenn alles noch in Bewegung ist«. Doch dieser Zusammenschluß, meint er, sei tatsächlich »vielleicht das wichtigste Ereignis der Nachkriegszeit«. So sieht es auch der belgische Außenminister Paul-Henri Spaak, dessen Initiative diese *relance européenne* nach dem Scheitern der EVG im wesentlichen zu verdanken war. In Rom hatten um 16 Uhr, als die an einem langen Tisch in alphabetischer Reihenfolge sitzenden Vertreter der sechs Gründungsstaaten mit der Unterzeichnungszeremonie begannen, in der ganzen Stadt die Glocken geläutet. »Die Menschen versammelten sich auf den Straßen oder saßen dichtgedrängt vor den Fernsehapparaten in ihren Wohnhäusern«, wie ein Dabeigewesener erzählt.

Man hatte, wie Staatssekretär Hallstein vor dem Bundestag erklärt, »ein europäisches Gebilde mit besonderen organisatorischen Elementen« – einem Ministerrat, einer aus neun Mitgliedern bestehenden supranationalen Europäischen

Rechte Seite: Der Weg der Deutschen nach Westen heißt nicht nur Politik und Wirtschaft. Den Alltag der Jugendlichen prägen zunehmend westliche »Comics«.

Romane
ab 10

Noch gibt es vielerorten den wöchentlichen Viehmarkt. Die EWG, die Europäische Wirtschaftsgemeinschaft, wird mit ihrem »Gemeinsamen Markt« neben der Montanindustrie auch die Landwirtschaft prägen und zu einer Modernisierung führen. Die Bauern werden sich an Quoten und Abnahmegarantien gewöhnen. Die Subventionen, die die EWG den Landwirten gewährt, werden zur größten Kostenstelle der entstehenden Gemeinschaft.

Kommission, einer europäischen Versammlung, eines europäischen Gerichtshofs und eines europäischen Wirtschafts- und Sozialausschusses – ins Leben gerufen. Sie sollten dafür sorgen, daß in Zukunft der beschlossene Gemeinsame Markt funktionstüchtig erhalten bliebe. »Dieser Tag von Rom«, so Spaak, werde einst »als einer der wichtigsten in die Geschichte Europas eingehen«.

Dabei hatte es nach dem Scheitern der EVG eine Zeitlang so ausgesehen, als würden in Europa die divergierenden Sonderinteressen wieder stärker zum Tragen kommen. Es waren vor allem die Beneluxstaaten, von denen die Initiative zu einem neuen europäischen Anlauf ausging. Ihre offenen, stark exportabhängigen Volkswirtschaften würden am ehesten von einer europäischen Zollunion profitieren, während die deutsche und die französische Industrie aus unterschiedlichen Gründen dem Neuanfang zunächst eher skeptisch gegenüberstanden. Französische Interessenvertreter fühlten sich nicht stark genug für die deutsche Konkurrenz in einem europäischen Binnenmarkt, während deutsche Interessenvertreter, vor allem der Exportwirtschaft, eher Bedenken hatten gegen die hohen Außenzölle, die ihrem Geschäft mit außerhalb der Gemeinschaft stehenden Volkswirtschaften abträglich wären. Besonders Ludwig Erhard blockierte. Er fand, wie sein Biograph Volker Hentschel schreibt, den Weg zur institutionalisierten Integration Europas »schlechthin entsetzlich«. Die Zollunion der Sechs war für ihn nichts weiter als ein dirigistischer Hemmschuh auf dem wünschenswerten Weg zu einem weltweiten liberalen Freihandelssystem, das dem deutschen Exportinteresse weit dienlicher gewesen wäre. Doch Adenauer teilte diesen »wirtschaftlichen Welteroberungsplan« seines Wirtschaftsministers nicht, weil er in erster Linie eine politische Idee von Europa im Auge hatte – die irreversible Einbindung der Bundesrepublik in das politische System des Westens. Bezeichnenderweise lag die Federführung des Projekts Gemeinsamer Markt deshalb auch nicht beim Wirtschaftsministerium, sondern beim Auswärtigen Amt.

Auf Sizilien hatte es im Juni 1955 entscheidende Fortschritte gegeben, auch wenn die tragfähigen Beschlüsse nicht, wie meist kolportiert, auf der Konferenz in Messina, sondern erst in der Nacht nach der Konferenz zwischen 2 und 4 Uhr morgens in Taormina zustande gekommen sind. Die Konferenz von Messina war am 2. Juni abends mehr oder weniger ergebnislos zu Ende gegangen. Die Benelux-Länder hatten das Memorandum für einen Gemeinsamen Markt vorgelegt, dem die Bundesrepublik und Italien zwar im Prinzip, jedoch mit einigen Vorbehalten, zustimmten. Die Franzosen hatten überhaupt nichts vorgelegt. Das Benelux-Memorandum stand nicht wirklich zur Debatte. Man verabschiedete sich, um im griechischen Theater von Taormina auf Einladung der italienischen Regierung der Aufführung eines römischen Balletts beizuwohnen. Doch nach einem gemeinsamen Abendessen mit den Tänzerinnen setzte man sich auf Drängen der Beneluxländer dann wieder zusammen. In dieser Nacht wurde Paul-Henri Spaak mit dem Vorsitz eines Sachverständigenausschusses betraut, der die weiteren Einzelheiten für die »schrittweise Fusion der nationalen Wirtschaften« ausarbeiten sollte.

Doch es gab nach wie vor Probleme, vor allem in Frankreich und Deutschland. Die Franzosen wollten die Öffnung ihres Markts für deutsche Industriegüter nur zugestehen, wenn im Gegenzug die Deutschen ihren Markt für französische Agrarprodukte öffneten, was für die deutsche Landwirtschaft zu schwerwiegenden Umstellungen führen würde.

Fernsehen 1955 in Aschaffenburg. 1955 besitzen erst 2 Prozent der bundesdeutschen Haushalte einen Fernseher.

Das deutsche Fernsehen: Die ersten Quotenbringer

Jürgen Roland rekonstruiert in seiner Reihe »Stahlnetz« tatsächliche Kriminalfälle. Caterina Valente verzaubert die Zuschauer mit ihrer eigenen Show. Robert Lembke moderiert sein »Heiteres Beruferaten«. Otto Höpfner lädt musikalische Gäste in die rustikale Äppelwoi-Kneipe »Der Blaue Bock« ein. Peter Frankenfeld stellt in seiner Show »Toi, Toi, Toi« Nachwuchskünstler vor. Und Hans-Joachim Kulenkampff experimentiert in »Sieben auf einen Streich« mit dem Format der Quiz-Show: Ein neues Medium präsentiert seine ersten Stars und Erfolgsgeschichten.

Fernsehen ist in den fünfziger Jahren noch immer weitgehend ein Live-Medium. Die Alltagserlebnisse der »Familie Schölermann« gehen mehr als hundert Mal unmittelbar aus dem Studio auf Sendung. Jede Woche läuft ein im Funkhaus inszeniertes Theaterstück. Auch Opern aus den Sendesälen sind regelmäßiger Teil des Programms. Das Fernsehspiel steckt noch in den Kinderschuhen; vor allem fehlen auf das Medium spezialisierte Autoren.

Allein im Jahr 1958 steigt die Zahl der bundesdeutschen Fernsehzuschauer von etwas mehr als einer auf über zwei Millionen. Das tägliche Programm von vier Stunden wird noch immer vom Testbild unterbrochen: die ARD sendet zweieinhalb Stunden am Abend, eine Dreiviertelstunde am Nachmittag, die restliche Sendezeit teilen sich halbstündige Regionalprogramme und Sondersendungen wie Sportübertragungen oder Bundestagsdebatten.

1958 strahlt das Fernsehen mit der italienischen Produktion »Freunde fürs Leben« zum ersten Mal einen Spielfilm aus, bevor er in die Kinos kommt – ein Indiz für die rasend schnell wachsende Begeisterung der Deutschen für ihr »Puschenkino«.

Außerdem bestanden sie auf dem Projekt Euratom, schon deshalb, weil sich die französische Atomindustrie davon wirtschaftliche Vorteile versprach – und weil dadurch eine europäische Kontrolle über die deutsche Nuklearindustrie möglich war. Frankreichs überseeische Gebiete sollten einbezogen werden, was es den Deutschen leichter machte, ihrerseits auf der Einbeziehung von Westberlin und einer offenen Handelsgrenze der EWG zur DDR zu bestehen. Als schwierigstes Problem erwiesen sich jedoch die Kompetenzen supranationaler Organisationen.

Schon auf der Konferenz der Außenminister der Montanunionstaaten Ende Oktober 1956 in Paris schienen die Gegensätze wieder unüberwindbar - »gewisse Differenzen blieben, die eine Konsultation der einzelnen Regierungen notwendig machen«, wie das offizielle Kommuniqué vermerkt. Tatsächlich war es so, wie Werner Abelshauser feststellte, daß es ausschließlich »im Rahmen eines wirtschaftspolitischen Diskurses nicht zu einer gemeinsamen Position« kommen konnte.

Die wirklichen Motoren der europäischen Einigung, mit denen die Überwindung aller Gegensätze dann doch und sehr schnell vorangetrieben werden sollte, heißen Radford-Plan und Suez-Krise. Am 13. Juli 1956 war der Plan des Vorsitzenden der amerikanischen *Joint Chiefs of Staff*, des Admirals Arthur Radford, die US-Streitkräfte drastisch zu verringern und sich statt dessen auf die nukleare Abschreckung zu konzentrieren, durch eine Veröffentlichung in der »New York Times« bekannt geworden. Adenauer war darüber so entsetzt, daß er schon ein Ende der NATO voraussah. Faktisch bedeutete dies, daß die militärische Gleichberechtigung der Bundesrepublik, die gerade erst mit dem Aufbau der Bundeswehr begonnen hatte, durch einen Wandel in der NATO-Strategie schon wieder bedroht war. Auch Frankreich konnte die Ankündigung Admiral Radfords nur so verstehen, daß es als Land ohne eigene Atomwaffen nun in die zweite Reihe versetzt werden sollte.

Vor allem aber befürchtete Adenauer, daß sich dadurch auf lange Sicht die großen Nuklearmächte Amerika und Sowjetunion auf eine »Teilung der Welt« einigen könnten, wofür ihm im November der amerikanisch-sowjetische Gleichklang während der Suez-Krise ein untrügliches Vorzeichen zu sein schien. Genau das hat er den Franzosen am 6. November in Paris auch mitgeteilt. So erst kam es zur Überwindung der letzten Hindernisse auf dem Weg zur EWG. »Zum ersten Mal«, kommentiert Werner Abelshauser das Ereignis, »profitierte die europäische Integrationsbewegung auch von Anstößen, die gegen amerikanische Interessen gerichtet waren, während paradoxerweise das amerikanische Interesse an der Fortsetzung des kontinentaleuropäischen Integrationskurses keineswegs nachließ.« Die Möglichkeit transatlantischer Spannungen war schon bei der Geburt der EWG sichtbar geworden und sollte das Verhältnis zwischen den USA und Europa seitdem immer wieder begleiten.

EINTRITT INS NUKLEARZEITALTER

Die Bundesrepublik als Atommacht?

1957 wurde im Brüsseler Heysel-Park an einem Monument gebaut, das zur Weltausstellung 1958 fertig werden sollte und das die »New York Times« einmal als eine »Ikone des Optimismus« bezeichnete. Der Lütticher Architekt André Waterkeyn nannte sein 102 Meter hohes Gebilde, in dem neun Kugeln durch lange Röhren miteinander verbunden waren, das *Atomium*. Es stellte die aus neun Atomen bestehende Elementarzelle eines Eisenkristalls in 165-milliardenfacher Vergrößerung dar und war eine Hommage an die Hoffnungen, die man mit dem Anbruch des Atomzeitalters und der friedlichen Nutzung der Kernenergie verband. Am 25. März 1957 hatten die sechs Gründerstaaten der EWG zeitgleich einen Vertrag zur Gründung einer Europäischen Atomgemeinschaft (Euratom) unterzeichnet, die laut Präambel durch die schnelle Entwicklung von Kernindustrien zur Hebung des Lebensstandards in den Mitgliedsländern entscheidend beitragen sollte. Natürlich war Euratom auch in gewisser Weise eine Fortschreibung der Montanunion in ein neues Zeitalter, weil jetzt ein weiterer kriegswichtiger Industriezweig, der an Bedeutung immer mehr die Schwerindustrie ablöste, einer gemeinsamen europäischen Kontrolle unterstellt wurde. Waterkeyns *Atomium* aber signalisierte in erster Linie die Hoffnung des Aufbruchs in eine Zeit der unbegrenzten Möglichkeiten, die sich mit diesem höchst effektiven und wirtschaftlichen Energieträger verband.

Die Sowjets hatten auf der Weltausstellung im Heysel-Park eine riesige Lenin-Statue vor ihrem Pavillon aufgestellt. Darin allerdings befand sich etwas, das den Optimismus des Westens eine Zeitlang mit gewissen Fragezeichen versehen sollte. Es war eine Replik des *Sputnik*, den sie am 4. Oktober 1957 ins All geschossen und auf eine 92 Tage andauernde Umlaufbahn gebracht hatten. In Amerika hatte diese Nachricht eine regelrechte Schockreaktion ausgelöst. »Mit dem Start des sowjetischen Weltraumsatelliten *Sputnik* war für das amerikanische Bewußtsein hinsichtlich eines möglichen Krieges eine neue Zeit angebrochen«, schreibt Franz Josef Strauß in seinen

Linke Seite: Der Bundesminister für Atomfragen, Siegfried Balke/CSU, 3. v. r., besichtigt im Oktober 1960, kurz vor der Indienststellung, den Atomreaktor Kahl. Das Kraftwerk, ein Versuchsreaktor der RWE und des Bayernwerks, wird in 29 Monaten ohne Baugenehmigung hochgezogen. Die gibt es erst im nachhinein.

Erinnerungen. »Die Vereinigten Staaten sahen sich plötzlich mit der Tatsache konfrontiert, daß ihr Territorium nicht mehr *sanctuary*, unverletztlich war, sondern im Ernstfall Kriegsschauplatz sein könnte.« Konrad Adenauer war in den Wochen nach dem *Sputnik*-Start zu der Überzeugung gekommen, daß die USA die sowjetische Raketen- und Nuklearrüstung genauso verschlafen hatten wie das Bonner Verteidigungsministerium. Tatsächlich berichtet ihm der Chef des Bundesnachrichtendienstes, Reinhard Gehlen, daß die amerikanischen Interkontinentalraketen »hinter dem Stand der sowjetischen Raketentechnik weit zurückgeblieben« seien. Ein weiteres Mal, nach Radford-Plan und Suez-Krise, kommen ihm schwere Bedenken, ob man auf den amerikanischen atomaren Schutz überhaupt noch zählen konnte.

Im Oktober 1955 hatte er ein Bundesministerium für Atomfragen ins Leben gerufen und mit Franz Josef Strauß als Minister besetzt. Es residierte provisorisch im Hotel *Godesberger Hof* und sollte die Aktivitäten zum Aufbau einer westdeutschen Atomtechnik politisch koordinieren und weiterentwickeln, die 1952 unter der Leitung von Werner Heisenberg im Rahmen der Deutschen Forschungsgemeinschaft begonnen hatten. Bald gab es in Karlsruhe eine erste »Kernreaktor Bau- und Betriebs GmbH«. Doch noch vor der Unterzeichnung des Euratom-Vertrags auf dem Kapitol in Rom war Adenauer bereits zu der Überzeugung gekommen, man müsse nach Mitteln und Wegen suchen, die über die rein zivile Nutzung der Kernenergie hinausgehen würden.

Auslöser war auch hier die Veröffentlichung der neuen strategischen Grundsätze des Admirals Arthur Radford. Unter dem Eindruck der vom Radford-Plan ausgelösten Krise spricht Adenauer schon recht bald sein Bedauern darüber aus, daß die Bundesrepublik ihre Souveränität mit dem Verzicht auf Kernwaffen erkaufen mußte. Ende September 1956 wählt er klare Worte. »Deutschland«, sagt der Kanzler da im Kabinett, »kann nicht Atomprotektorat bleiben.« Er wolle, teilt er wenig später dem frisch ins Amt eingeführten neuen Verteidigungsminister Franz Josef Strauß mit, »über Euratom auf schnellstem Weg die Möglichkeit erhalten, selbst nukleare Waffen herzustellen«. Er sagt das fünf Monate bevor der Euratom-Vertrag zur erklärtermaßen friedlichen Nutzung der Kernenergie überhaupt unterzeichnet ist. Alle Bedenken, die Strauß anfangs gegen das Euratom-Projekt ins Feld führte – er fürchtete, »daß man uns auf dem Umweg über diese Organisation von der Atomforschung und ihren Ergebnissen ausschließen wollte« –, waren damit vom Tisch.

Franz Josef Strauß hatte bei seinem Antritt als Verteidigungsminister am 16. Oktober 1956 die Devise »Qualität vor Quantität« ausgegeben und wollte damit auch zum Ausdruck bringen, daß die anfänglichen Planungs-

Musterung von Rekruten in München im Jahr 1958. Seit diesem Jahr beginnt in der Bundesrepublik die bereits im Wehrpflichtgesetz vom Juli 1956 beschlossene allgemeine Wehrpflicht zu greifen. Immer mehr tauglich Gemusterte werden zu einem zwölfmonatigen Wehrdienst auch eingezogen. Bis 1960 haben fast 270 000 Wehrpflichtige in der Bundeswehr gedient.

zahlen beim Aufbau der Bundeswehr - 500 000 Mann in drei Jahren - auf völlig unrealistischen Vorstellungen beruhten. Am 2. Januar 1956 waren die ersten 1161 Freiwilligen der Bundeswehr in die Standorte Andernach (Heer), Wilhelmshaven (Marine) und Nörvenich (Luftwaffe) eingerückt. Am 6. März war mit den Stimmen der SPD die 2. Wehrergänzung des Grundgesetzes verabschiedet worden, mit der die allgemeine Wehrpflicht ermöglicht und die parlamentarische Kontrolle der Bundeswehr durch den Verteidigungsausschuß und einen Wehrbeauftragten geregelt wurde. Nie wieder, das war vor allem der Sinn der letzten beiden Regelungen, sollte eine Armee zu einem Staat im Staate werden wie in der Weimarer Republik. Am 21. Juli verabschiedet der Bundestag das Wehrpflichtgesetz. Nach den ursprünglichen Planungen des Strauß-Vorgängers Theodor Blank hätten danach jede Woche drei Bataillone nicht nur aufgestellt, sondern auch ausgerüstet und in dafür fertiggestellte Kasernen einquartiert werden müssen. Das war unter keinen Umständen machbar, weshalb Strauß nach seinem Amtsantritt die Planzahlen sofort drastisch reduzierte.

Noch vor Verabschiedung des Wehrpflichtgesetzes hatte der Radford-Plan zudem für Irritationen bezüglich der strategischen Grundannahmen

Bundesverteidigungsminister Franz Josef Strauß auf dem Titelbild der Dezembernummer des US-Nachrichtenmagazins »Time«, 1960.

Franz Josef Strauß: »Fast jeder hat etwas zu verheimlichen«

Ehrgeizig ist er schon als Schüler. Sein Abitur ist 1935 das beste seines Jahrgangs in Bayern. Nebenbei treibt er Radsport und gewinnt 1934 die süddeutsche Straßenmeisterschaft. Selbst als er 1939 zur Wehrmacht eingezogen wird, legt der Münchner Metzgersohn während der Studien- und Genesungsurlaube 1939 zielstrebig sein Examen für das höhere Lehramt, 1940 das Assessorexamen und 1943 die Studienratsprüfung ab.

Sein politischer Aufstieg beginnt nach Kriegsende. Beinahe parallel zur Parteikarriere in der CSU – 1949 wird er ihr Generalsekretär, 1952 stellvertretender Vorsitzender und 1961 Vorsitzender – verläuft seine steile Bonner Laufbahn. 1953 übernimmt er im Kabinett Adenauer den Posten als Bundesminister für besondere Aufgaben, 1955 wird er Bundesminister für Atomfragen, 1956 übernimmt er das schwierige Amt des Verteidigungsministers.

Seine Karriere stockt, als er die wegen Landesverrat ermittelnde Justizbehörde drängt, leitende Redakteure des Magazins »Der Spiegel« festzunehmen, die in einem Artikel eine »bedingte Abwehrbereitschaft« der Bundeswehr kritisiert haben. Strauß muß im Gefolge der sogenannten »Spiegel«-Affäre zurücktreten. Einsicht zeigt er nicht: »(Der Spiegel) ist die Gestapo des heutigen Deutschlands. Es gibt dort Tausende von Personalakten. Wenn man die Nazi-Vergangenheit Deutschlands betrachtet, so hat fast jeder etwas zu verheimlichen. Das ermöglicht Erpressungen. Ich war gezwungen, dagegen vorzugehen.«

Bis dahin ist er nur umstritten. Jetzt wird er zum erklärten Feind aller linken Studenten und Intellektuellen und wird es bis zu seinem Tode bleiben. In der Großen Koalition (1966–1969) wird er erfolgreicher Bundesfinanzminister. Zusammen mit Wirtschaftsminister Karl Schiller von der SPD bildet er das legendäre »Plisch und Plum«-Gespann.

1956 sind sie noch nicht wehrpflichtig: Knappschaftslehrlinge der Erzbergbau Porta-Damme AG in Damme, Niedersachsen, in der Berufsschule.

geführt, die diesen Planungen zugrunde lagen. »Die augenblickliche NATO-Strategie läßt keinen Zweifel daran, daß ein möglicher bewaffneter Konflikt in Europa nicht auf konventionelle Waffen beschränkt bleibt«, gibt Fritz Erler von der SPD im Juli im Bundestag zu bedenken: »Bei einem sowjetischen Angriff mit taktischen Atomwaffen wäre die Bundesrepublik festgenagelt. Von der Bevölkerung bliebe nicht allzuviel übrig. Gegen einen solchen Angriff kann die Bundesrepublik an der Zonengrenze auch mit 500 000 Mann nicht verteidigt werden.« SPD und FDP plädieren für eine Berufsarmee.

Strauß hingegen hält an der Wehrpflicht fest, doch die Planzahlen werden auch für ihn zu einem eher nachrangigen Problem. Auf der NATO-Ratssitzung am 14. Dezember 1956 fordert er vor allen Dingen, »daß die NATO-Verbände in Europa bis zur Division hinunter Atomwaffen zur Verfügung haben müssen«. Auch die der Bundeswehr. Am 20. Dezember verkündet Strauß auf einer Pressekonferenz, die USA würden die europäischen Streitkräfte mit Atomwaffen ausrüsten. Er war fest davon überzeugt, daß es »aufgrund dieses Wandels der Apokalypse«, die mit der nuklearen Abschreckung verbunden war, in Zukunft »keine geschichtliche Veränderung mehr durch Kriege oder Revolutionen geben wird«. Aber war mit der »strukturbildenden Kraft des Nuklearen« tatsächlich ein verläßliches

Die »Pamir«: Untergang eines Segelschiffes

Die »Pamir« gehört zu den berühmten P-Linern der Hamburger Reederei F. Laeisz und läuft 1905 bei der Hamburger Werft Blohm & Voss vom Stapel.

Buenos Aires, August 1957: Die Viermastbark »Pamir«, einer der letzten deutschen Großsegler, verläßt den südamerikanischen Hafen mit Bestimmungshafen Hamburg. Viele Matrosen auf dem Segelschulschiff der deutschen Handelsmarine sind zum ersten Mal auf großer Fahrt.

Auf Höhe der Azoren gerät das Schiff überraschend in einen Hurrikan. Wasser dringt in den Schiffsrumpf ein, und die Ladung von fünfeinhalb Tonnen Gerste verrutscht. Das Schiff legt sich auf der Seite und kentert. Binnen kaum einer Minute versinkt es im Meer. Einige Seeleute retten sich in ein leckes Rettungsboot. Tagelang treiben sie in der unruhigen See. Einer nach dem anderen stirbt an Durst und Erschöpfung.

Die Seeamtsverhandlung in Lübeck kommt zu dem Ergebnis, daß der Untergang der »Pamir« die Folge durchaus vermeidbarer Fehler ist. Der neue Kapitän Diebisch war ein Ersatzmann für den Stammkapitän und hatte nur wenig Erfahrung auf Großseglern. Die Besatzung holte nicht rechtzeitig alle Segel ein, weshalb die »Pamir« im Sturm zu viel Tuch gesetzt hatte. Den schwersten Vorwurf erheben die Experten aber wegen der Ladung. Sie lag nicht wie üblich in Säcken, sondern als loses Schüttgut in den Laderäumen. Längsschotten und eingezogene Zwischenbretter konnten das Rutschen des Getreides nicht verhindern, das die »Pamir« in Schlagseite brachte. Für das rasche Kentern waren außerdem vier zu schwere Stahlmasten verantwortlich, die die Stabilität der »Pamir« durch einen zu hohen Schwerpunkt beeinträchtigten.

In der Summe kosten diese Versäumnisse und Fehler 74 der 80 Seeleute das Leben.

Verbot des Krieges verbunden? Generalinspekteur Adolf Heusinger hatte da seine Zweifel, als er Ende 1956 zustimmte, daß die Truppe ganz auf Atomeinsatz umgestellt werden müsse. Für ihn blieb die Konfrontation mit der Welt der Nuklearwaffen immer ein »Blick ins offene Grab«. Für Strauß waren das veraltete Denkweisen von Männern, die mental noch im Zeitalter des Kampfs von Stahl gegen Stahl mit Panzerarmeen und Artillerie verhaftet geblieben waren. Dies könnte auf andere Weise auch für

Adenauer gelten, der im Juli mit der leichtsinnigen und kaum von militärischer Sachkenntnis geprägten Bemerkung, die taktischen Atomwaffen seien »nichts weiter als die Weiterentwicklung der Artillerie« Wogen der öffentlichen Empörung auslöst.

Im Januar 1957 ist Strauß nach einem Besuch in Frankreich anschließend in die algerischen Wüstenforts Sidi-bel-Abbes und Colomb-Béchar geflogen. Die ersten Anzeichen des Algerienkonflikts, der ein Jahr später offen ausbrechen sollte, sind dort durch die massive Präsenz von Panzern am Boden und den Begleitschutz seiner Maschine in der Luft durch Abfangjäger schon deutlich zu spüren. Die Franzosen hatten ihn eingeladen, weil sie sich durch eine Beteiligung an der Ausrüstung der Bundeswehr wirtschaftliche Vorteile versprachen und Adenauer erst kurz zuvor angemahnt hatte, »so schnell wie möglich« eine »europäische Rüstungsgemeinschaft« ins Leben zu rufen. In der algerischen Wüste wird für ihn ein eindrucksvolles Nachtschießen mit Raketenartillerie inszeniert. Es geht auch um *Transall*-Transportmaschinen und *Alouette-II*-Hubschrauber, als Strauß am 17. Januar in Colomb-Béchar ein Protokoll über waffentechnische Zusammenarbeit unterzeichnet. Doch Adenauer hatte bereits am 19. Dezember im Kabinett gefordert, die »Zusammenfassung Europas« müsse auch dazu führen, »nukleare Waffen in der Bundesrepublik herzustellen«.

Britannien hatte die Entscheidung zum Ausbau einer eigenen Nuklearmacht bereits beschlossen und zu dieser Zeit Atomtests im Pazifik angekündigt, die dem Bau einer Wasserstoffbombe dienen sollten. In Europa war London führend auf diesem Gebiet, und Außenminister Selwyn Lloyd schlug deshalb am 5. Januar 1957 vor, eine europäische Rüstungsgemeinschaft unter britischer Führung zu gründen. Ihr sollten die sieben WEU-Staaten mit allen ihren »Kapazitäten, Ressourcen und Fähigkeiten« angehören. »Wenn wir diese zusammenlegen«, so Selwyn Lloyd, »könnten wir uns eine vollwertige thermo-nukleare Rüstung leisten. Dieser Zusammenschluß hätte das Potential zu einer dritten Weltmacht.« Eine dritte Weltmacht neben den USA und der Sowjetunion. Doch Selwyn Lloyds europäisches *Grand Design* bleibt bloßes Wunschdenken. Die Briten hatten sich den Amerikanern gegenüber 1955 vertraglich verpflichtet, nukleare Geheimnisse nur mit deren Zustimmung an Dritte weiterzugeben. Im Ergebnis setzt London seine exklusive Juniorpartnerschaft mit Washington fort, auch wenn es nach der Suez-Krise in Großbritannien einige Stimmen gab, die einen anderen Weg nur allzugern beschritten hätten.

So blieb Frankreich die Rüstungsvormacht Europas, und es bedurfte nur des Sputnik-Schocks, um daraus in Paris auch konkrete nukleare Planspiele entstehen zu lassen. Am 15. November 1957 – *Sputnik I* ist noch im

All und *Sputnik II* mit der Hündin Laika an Bord ist ihm am 3. November bereits gefolgt – fordert die französische Regierung von den USA eine politische und militärische Erneuerung der NATO und die Teilhabe an sämtlichen Atomgeheimnissen der westlichen Welt. Schon nach den ersten britischen Atomversuchen hatte Ministerpräsident Guy Mollet im Februar gegenüber Adenauer geäußert: »Dann müssen wir eben auch in fünf Jahren nukleare Waffen haben.« Am 16. November erscheint Staatssekretär Maurice Faure nach sehr kurzfristiger Ankündigung gemeinsam mit Botschafter Couve de Murville plötzlich bei Adenauer in Rhöndorf, um mit ihm eine als streng vertraulich eingestufte Unterredung zu führen. Am Tag zuvor, wird dem Kanzler da eröffnet, habe man in Paris beschlossen, die Bundesrepublik und Italien zur gemeinsamen Entwicklung von Atombomben und Trägersystemen einzuladen.

Nur wenig später trifft Franz Josef Strauß mit Verteidigungsminister Chaban-Delmas zusammen. Paris, eröffnet ihm der Franzose, sei fest entschlossen, in Pierrelatte eine Isotopenanlage zu bauen. Da dies aber ein sehr teures Unternehmen sei, wolle man es gern gemeinsam mit den Deutschen und Italienern durchführen, und zwar im Verhältnis 45:45:10 zwischen Frankreich, der Bundesrepublik und Italien. Im übernächsten Jahr sollten dann die ersten Versuchsexplosionen mit Nuklearwaffen in der algerischen Sahara stattfinden. Vorrangig sei jetzt, im Anschluß an das Abkommen von Colomb-Béchar, eine deutsch-französische Übereinkunft über diese Angelegenheit. Tatsächlich kommt es am Ostermontag 1958, immer noch unter strengster Geheimhaltung, in Rom zur Unterzeichnung eines Vertrags über die trilaterale nukleare Kooperation zwischen Frankreich, der Bundesrepublik und Italien durch die Verteidigungsminister der drei Staaten. An diesem 7. April 1958 findet in London der erste Ostermarsch der *Campaign for Nuclear Disarmarment*, der Kampagne für nukleare Abrüstung, gegen die atomare Aufrüstung statt – ein Ereignis, das bereits einen Vorschein auf die großen gesellschaftlichen Umbrüche der sechziger Jahre wirft.

Kampf dem Atomtod

Adenauers Erklärung vom 5. April 1957 über die neuen taktischen Atomwaffen als Weiterentwicklung der Artillerie hatte auch in der Bundesrepublik zu heftigen Reaktionen geführt. Er machte diese Äußerungen ausgerechnet auf einer Pressekonferenz und fügte die unbedachten Worte hinzu: »Selbstverständlich können wir nicht darauf verzichten, daß unsere Truppen auch in der normalen Bewaffnung die neueste Entwicklung

Mahnwache des Aktionsausschusses »Berliner Jugend gegen den Atomtod« auf dem Kurfürstendamm am 6. August 1958.

mitmachen.« Adenauers Pressekonferenz wurde zum Ausgangspunkt für die erste große Atomdebatte in der Bundesrepublik, bei der sich auch die moralische Integrität und das politische Urteilsvermögen des Kanzlers erheblichen Zweifeln ausgesetzt fanden. Eine Woche nach Adenauers Auftritt übermittelt die Sekretärin des Atomphysikers Otto Hahn der »Deutschen Presseagentur« und der »Frankfurter Allgemeinen Zeitung« die von 18 namhaften Kernphysikern unterschriebene »Göttinger Erklärung«, in der diese die Bundesregierung auffordern, die Bewaffnung der Bundeswehr mit nuklearen Waffen zu unterlassen. »Taktische Atomwaffen«, wird Adenauer da von Fachwissenschaftlern belehrt, »haben die zerstörende Wirkung normaler Atombomben. Als ›taktisch‹ bezeichnet man sie, um auszudrücken, daß sie nicht nur gegen menschliche Siedlungen, sondern auch gegen Truppen im Erdkampf eingesetzt werden sollen. Jede einzelne taktische Atombombe oder -granate hat eine ähnliche Wirkung wie die erste Atombombe, die Hiroshima zerstört hat.« Die »Göttinger Erklärung« ist keineswegs ein radikalpazifistisches Manifest. Man wolle nicht in Abrede stellen, so die Atomwissenschaftler, »daß die gegenseitige Angst vor den Wasserstoffbomben heute einen wesentlichen Beitrag zur Erhaltung des Friedens in der ganzen Welt und der Freiheit in

Tanzen im Schatten der Atombombe in der legendären Jazzkneipe »Chico's Place« in Bremerhaven. Die Stadt, in der viele GIs stationiert sind, hat einen AFN-Sender.

einem Teil der Welt leistet. Wir halten aber diese Art, den Frieden und die Freiheit zu sichern, auf die Dauer für unzuverlässig. Und wir halten die Gefahr im Falle ihres Versagens für tödlich.« Zu den Unterzeichnern zählen neben Otto Hahn, dem Entdecker der Kernspaltung, der Nobelpreisträger Max von Laue, Max Born, Werner Heisenberg, Carl Friedrich von Weizsäcker und andere. Max Born hatte 1955 bereits das »Russell-Einstein-Manifest« unterzeichnet, in dem internationale Wissenschaftler eine Ächtung der Nuklearwaffen forderten. Jetzt hatte Carl Friedrich von Weizsäcker ein öffentliches Signal gesetzt, als er im Februar 1957 in einem überfüllten Göttinger Hörsaal eine Vorlesung zum Thema »Politische Wirkung der Atomwaffen« hielt, in der zum ersten Mal die Forderung auftaucht, daß die Bundesrepublik dem Weltfrieden am besten diene, wenn sie »auf Atomwaffen ausdrücklich und freiwillig verzichtet«. Das war auch die Meinung der Mehrheit der Westdeutschen. Umfragen ermitteln im April 1957, daß nur 17 Prozent für eine Atombewaffnung der Bundeswehr sind. 64 Prozent sprechen sich entschieden dagegen aus.

War der Weg in die Atombewaffnung zudem das Ergebnis einer verfehlten Deutschlandpolitik der Regierung Adenauer? Auch die steht wieder auf dem Prüfstand, am deutlichsten während der erregten Debatten in der Nachtsitzung des Deutschen Bundestags am 23./24. Januar 1958, bei der Adenauer seine erste große parlamentarische Niederlage hinnehmen muß. Es geht wieder einmal um das Thema der »versäumten Gelegenheiten«, und dabei auch um die Stalin-Noten von 1952. Thomas Dehler, einst Mitbegründer des Reichsbanners Schwarz-Rot-Gold in der Weimarer Republik und bis 1957 Bundesvorsitzender der FDP, wirft Adenauer vor, daß er in seiner Regierungszeit alles getan habe, um eine Wiedervereinigung Deutschlands zu verhindern. In Wirklichkeit spiele er mit der gefährlichen Illusion einer möglichen Kapitulation der Sowjetunion. »Meine Damen und Herren«, so Dehler in seiner Generalabrechnung mit Adenauer, »ich erinnere mich, daß einmal der Präsident der Vereinigten Staaten – es war am Beginn seiner Tätigkeit – davon sprach: *Die Heere Gottes und des Teufels stehen sich gegenüber.* Das ist ein Geist, den Herr Dr. Adenauer maßgebend mit geschaffen hat in vielen, vielen Reden: Es geht um die ideologische Auseinandersetzung, den Kampf zwischen Christentum und Bolschewismus, zwischen Christ und Antichrist. Wer so spricht – das ist meine Schlußfolgerung, die ich ziehe –, will keine Politik. Er will sie nicht, er geht ihr aus dem Wege. Er sagt: Diese Menschen drüben sind Verbrecher, Gangster!« Und noch einmal: »Was sind die Schlußfolgerungen? Keine Politik! Am Ende der Kreuzzug! Das steht hinter Ihrer Politik!« Das Protokoll des Bundestags vermerkt Schweigen im Saal bei diesen vernichtenden Worten. Niemand widerspricht, auch

»Der Negerstudent Anomah Ngu ist bei der Jugend in Essen sehr beliebt«, unterschreibt die Lokalzeitung das Foto der Ankunft des ersten Farbigen in dem Dorf im Landkreis Cloppenburg.

Besetzung des Hauses der hessischen KPD-Leitung in Frankfurt am 17. August 1956. Das Parteihaus und auch die Redaktionsräume der »Sozialistischen Volkszeitung« werden nach dem bundesweiten KPD-Verbot polizeilich geschlossen.

Adenauer selbst nicht. Heftige Erregung in den Reihen der CDU dagegen, als Gustav Heinemann von der SPD, der ihm als Redner folgt, die Worte fallen läßt, Christus sei »nicht gegen Karl Marx gestorben, sondern für uns alle«. Auch, so die Schlußfolgerung dieser theologischen Bemerkung, für die Kommunisten.

Als politische Partei waren die Kommunisten zwar seit dem 17. August 1956 durch das Bundesverfassungsgericht in der Bundesrepublik wegen Verfassungsfeindlichkeit verboten. Doch wieso sollte man im Interesse des Friedens nicht dort mit ihnen verhandeln, wo sie nun einmal an der Macht waren? Selbst ein Mann wie George F. Kennan, einst Erfinder des Konzepts des *containment*, der Eindämmung des Kommunismus, hält seit Dezember 1957 über die BBC seine berühmt gewordenen *Reith Lectures*, in denen er ein *Disengagement*, den Rückzug der amerikanischen und sowjetischen Truppen vom europäischen Kontinent, und ein neutralisiertes, wiedervereinigtes Deutschland fordert. Bundespräsident Heuss nennt Kennan im Hinblick auf diese Vorträge einen »behutsam-geistvollen« Mann. Doch Adenauer sieht das natürlich anders. »Herr Kennan«,

Heinrich Lübke: Dritte Wahl

Mit den Worten: »Meine Damen und Herren, liebe Neger!« soll der zweite Bundespräsident Heinrich Lübke 1962 in Liberia eine Rede begonnen haben. Trotz langer Suche hat bis heute niemand einen Beleg für dieses Zitat gefunden – es ist wohl einfach nur gut erfunden. Ein großer Redner ist Lübke aber wahrlich nicht gewesen: Die Liste seiner schlichten Formulierungen ist endlos lang. Hier nur ein Beispiel: »Indonesien besteht aus Inseln, die liegen teils nördlich, teils südlich vom Äquator, und dazwischen ist eine Menge Wasser.«

Der Volkswirt hat vor 1933 als Geschäftsführer landwirtschaftlicher Organisationen gearbeitet. Als Mitglied des Zentrums und Reichstagsabgeordneter wird er unter dem Hitler-Regime aller Ämter enthoben. Er arbeitet auf dem Hof seines Bruders bei Flensburg, kommt dann einige Zeit im Bau- und Siedlungswesen unter. Danach ist er Vermessungsingenieur und Bauleiter in der Baugruppe Schlempp. Lübkes Aufgabe war es laut dem Historiker Rudolf Morsey, »den Bau von zivilen und militärischen Anlagen, eingeschlossen Unterkünfte für Arbeitskräfte, unter denen sich auch Häftlinge aus Konzentrationslagern befanden, zu planen und zu überwachen«. Wegen der Mitarbeit an diesen Projekten wird Lübke später scharf angegriffen.

Für das Amt des Bundespräsidenten ist er nicht die erste Wahl. Adenauer überlegt, selbst zu kandidieren, nimmt aber von dem Plan Abstand, weil das Präsidentenamt wenig Gestaltungsmöglichkeiten bietet. Auch der Konkurrent Ludwig Erhard, den Adenauer auf die hohe Position fortloben möchte, will das Amt nicht übernehmen. Schließlich überredet Adenauer seinen Landwirtschaftsminister zur Kandidatur.

Wegen der Kritik an seiner Tätigkeit während der NS-Zeit tritt Lübke drei Monate vor Ablauf seiner zweiten Amtszeit zurück.

schreibt er an Heuss, »ist zur Zeit derjenige Mann, der zur Aufweichung in Deutschland in peinlichster Weise beiträgt.« Das hat tatsächlich etwas von der Bunkermentaliät an sich, die Dehler ihm vorwirft. Seine einzige Sorge ist, daß »Herr Kennan« in künftigen außenpolitischen Debatten vielleicht als »Kronzeuge der SPD« vorgeführt werden könnte.

Nicht anders sieht er den Plan einer atomwaffenfreien Zone in Mitteleuropa, den der polnische Außenminister Adam Rapacki am 2. Oktober 1957 der Vollversammlung der Vereinten Nationen in New York vorträgt, und der auf seiten der NATO die Bundesrepublik und auf seiten des Warschauer Pakts die DDR, Polen und die Tschechoslowakei angehören sollten. Rapacki präzisiert seinen Plan noch einmal am 14. Februar 1958 und stellt ihn als Etappe auf dem Weg zu einer allgemeinen Abrüstung in

Europa vor. Natürlich reagiert Rapacki damit auf die geplante atomare Bewaffnung der Bundeswehr, doch in Moskau ist man keineswegs nur glücklich über Rapackis Vorstoß. Den polnischen Oktober 1956 noch in lebendiger Erinnerung, befürchtet mancher im Kreml nun weitere polnische Alleingänge. Adenauer allerdings zeigt sich nicht dazu in der Lage, Grauzonen zu entdecken. Der Rapacki-Plan, so seine feststehende Meinung, sei nichts als »eine Falle der Russen«, und Gomułka sei längst schon »wieder nach Moskau gerückt«. So etwas war, wie Willy Brandt kommentiert, »leicht und billig« dahergesagt, zumal man der deutschen Politik kaum unterstellen konnte, »sie habe der Warschauer Initiative mehr als flüchtige Aufmerksamkeit gewidmet«. Adenauer aber will Fakten schaffen.

Ende März 1958 billigt der Bundestag mit den Stimmen von CDU/CSU und Deutscher Partei die Möglichkeit einer atomaren Aufrüstung der Bundeswehr im Rahmen der NATO, und Verteidigungsminister Franz Josef Strauß läßt verlautbaren, daß man sich auf die Einführung von Matador-Raketen festgelegt habe – Boden-Boden-Raketen mit einer Reichweite von tausend Kilometern, die kaum anders als mit atomaren Gefechtsköpfen nutzbar sind. Sie sollten als Trägersysteme deutschen Einheiten unterstellt werden, doch die Kontrolle über die *warheads*, die Gefechtsköpfe, wäre den Amerikanern vorbehalten.

Diese Ankündigung führt zu den größten Massenkundgebungen, die die Bundesrepublik bis dahin gesehen hat. Am 10. März war auf Anregung der SPD hin die Aktion »Kampf dem Atomtod« gegründet worden. »Das deutsche Volk diesseits und jenseits der Zonengrenze ist im Fall eines Krieges zwischen Ost und West dem sicheren Atomtod ausgeliefert«, heißt es im Gründungsaufruf: »Die Beteiligung am atomaren Wettrüsten und die Bereitstellung deutschen Gebietes für Abschußbasen von Atomwaffen können diese Bedrohung nur erhöhen. Ziel einer deutschen Politik muß deshalb die Entspannung zwischen Ost und West sein.« Am 17. April demonstrieren über 100 000 Menschen auf dem Hamburger Rathausmarkt gegen den Atomtod, unter ihnen der Hamburger Bürgermeister Max Brauer und der Schriftsteller Hans Henny Jahnn.

Brauer startet über die Hamburger Bürgerschaft in dem Wissen, daß die Meinung in der Bevölkerung in dieser Frage im Widerspruch zur Mehrheitsauffassung des Bundestages steht, die Initiative zu einer Volksbefragung über die Atombewaffnung. Der junge Helmut Schmidt, der Ende März im Bundestag den Beschluß zur Atombewaffnung mit dem Ermächtigungsgesetz für Hitler verglichen und den Satz geprägt hatte: »Ich glaube, der Verteidigungsminister Strauß ist ein gefährlicher Mann«, fordert sogar zu einem »Demonstrationsstreik« der Gewerkschaften gegen die Bundestagsentscheidung auf. 94,9 Prozent sprechen sich bei einer Urabstimmung der

Autohauseröffnung in Lohne (Oldb.), 1959. Besitzen 1950 knapp 11 Prozent der Familien ein Auto, so sind es 1960 schon 32,5 Prozent.

Gewerkschaft ÖTV tatsächlich für Kampfmaßnahmen aus. Noch im Februar 1959 kommen 80 000 Menschen in Dortmund zusammen, um gegen britische Pläne zu demonstrieren, in der Nähe der Stadt Atomraketen zu stationieren.

Doch da ist der Bewegung »Kampf dem Atomtod« bereits die Spitze genommen. Ende Juli 1958 hatte das Bundesverfassungsgericht die Volksbefragung abgelehnt, was dazu führte, daß sich die SPD aus der Kampagne zurückzog. Der sozialdemokratische »Vater des Grundgesetzes«, Carlo Schmid, gibt zu verstehen, er sei aus grundsätzlichen Erwägungen heraus gegen Plebiszite. Die Partei bereitete sich auf eine programmatische Wende vor, seit auf dem Stuttgarter Parteitag Ende Mai Reformer wie Herbert Wehner, Carlo Schmid, Fritz Erler und Willy Brandt in Spitzenpositionen aufgerückt waren. Noch mit ihrem Deutschlandplan von 1959

Starfighter: Die Option zur atomaren Aufrüstung

Die bundesdeutsche Luftwaffe hat bei der Suche nach einem neuen Abfangjäger die Wahl zwischen dem »Starfighter« von Lockheed und der französischen »Mirage III« von Dassault. Gegen den Rat fast aller Experten entscheidet sich Verteidigungsminister Franz Josef Strauß für das amerikanische Modell.

Im Juli 1962 hat Lockheed genügend »Starfighter« für ein erstes Geschwader geliefert. In Nörvenich soll ein Tag der offenen Tür mit Kunstflugdarbietungen das Ereignis feiern. Drei Tage vor der Veranstaltung führt ein Pilotenfehler zu einem schweren Unfall der Formation. Alle vier Flugkommandanten verlieren ihr Leben – ein düsteres Omen für die neuen Maschinen.

Verteidigungsminister Strauß gerät in die Kritik. Das Nachrichtenmagazin »Der Spiegel« wirft die Frage auf, warum der »Starfighter« und nicht die technisch ausgereiftere »Mirage« gekauft wurde. Im Zuge der Recherchen wird bekannt, daß Strauß, ein Verfechter der atomaren Aufrüstung der Bundesrepublik, einen Jäger mit der Option zum Abwurf von Atomsprengköpfen wollte. Die Franzosen waren zu einem solchen atomaren Bündnis nicht bereit.

Die Amerikaner dagegen sollten Strauß im Ernstfall die Lieferung von Sprengköpfen versprochen haben. Es wird außerdem bekannt, daß Lockheed beim Export des »Starfighters« in andere Länder Schmiergeld gezahlt hat. Da Strauß sich erst nach einem Besuch in den USA für die F-104 ausspricht, gerät er in den Verdacht der Bestechlichkeit. Ein Untersuchungsausschuß des Bundestages wird diesen Vorwurf später allerdings entkräften.

Der Kauf von über 900 Starfightern ist keine gute Wahl. Bis zur Ausmusterung stellt das Kampfflugzeug sowohl bei der Zahl der Abstürze als auch bei der Zahl der dabei tödlich verunglückten Piloten einen traurigen Rekord auf.

Diese Zahlen stehen für die »Starfighter-Krise«: Mehr als 2000 Starfighter-Piloten sind von der Luftwaffe ausgebildet und insgesamt 916 Starfighter beschafft worden. Bei 292 Totalverlusten kommen 116 Piloten ums Leben.

würde sie zwar den Eindruck erwekken, »als schwebe ihr ein mittlerer Weg zwischen den Gesellschaftsordnungen der Bundesrepublik und der DDR vor«, doch mit der programmatischen Rede Herbert Wehners im Deutschen Bundestag vom 30. Juni 1960 würde sie endgültig die Position beziehen, daß das europäische und atlantische Vertragssystem die Grundlage und den Rahmen aller Bemühungen der deutschen Außen- und Wiedervereinigungspolitik bildet.

Vereidigung eines Bundeswehrrekruten 1961 in der Wittekind-Kaserne in Wildeshausen (Niedersachsen).

Das Ostern 1958 in Rom mit Frankreich und Italien ausgehandelte trilaterale atomare Geheimprojekt ist unterdes nie zum Tragen gekommen. Paris wurde im Mai von einer Staatskrise heimgesucht, die mit einer Rebellion der Armee in Algier begann und Anfang Juni mit der Ernennung Charles de Gaulles zum neuen Präsidenten der Republik endete. De Gaulle kündigt das Abkommen sofort, was die Deutschen allerdings eher beiläufig erfahren. Als Franz Josef Strauß im Juli von dem neuen französischen Verteidigungsminister Guillaumat nach Paris eingeladen wird, geht es eigentlich darum, die Deutschen zum Kauf des Jägers *Mirage* für ihre Luftwaffe zu bewegen. Strauß stellt in diesem Zusammenhang auch die Frage nach einer Einladung in das Isotopenzentrum Pierrelatte, doch Guillaumat erklärt ihm lapidar, der General habe das Abkommen gestoppt. Keine Vorwarnung, keiner der üblichen diplomatischen Schritte. Das war der Beginn einer dauerhaften Frostperiode zwischen den beiden Verteidigungsministern. »Vergessen Sie die *Mirage* für die deutsche Luftwaffe«, ist die verärgerte Antwort von Strauß an die Franzosen. Im Oktober 1958 beschließt die Bundesregierung statt dessen die Anschaffung des amerikanischen *Starfighters F 104 G*, der von den deutschen Militärs ohnehin bevorzugt wird und dessen Flugradius, mit Atombomben bestückt, bis weit in das sowjetische Territorium hineinreicht. »Der Beschluß war kaum gefaßt, da löste Chruschtschow eine neue Berlin-Krise aus«, schreibt Rolf Steininger: »Die Sowjets hatten mehrfach vor einer Atombewaffnung der Bundeswehr gewarnt – jetzt handelten sie.«

Günther

JAHRE DES UMBRUCHS

Streitpunkt Berlin

Daß sich in den sowjetischen Positionen etwas bewegen würde, hätte Adenauer spätestens im Frühjahr 1958 bemerken können. Botschafter Smirnow hatte sich am 7. März im Kanzleramt angesagt, um die Haltung der Bundesregierung zu einer neuen Gipfelkonferenz zu sondieren. Die Sowjetunion, läßt Adenauer den Diplomaten dabei wissen, habe als ehemalige Besatzungsmacht die Pflicht, die Einheit Deutschlands wiederherzustellen. Dem widerspricht Smirnow entschieden. Es sei bekannt, so die Antwort, daß die Sowjetunion von der Existenz zweier deutscher Staaten ausgehe, die ihre Probleme in gegenseitigen Verhandlungen selbst lösen müßten. Bei einem zweiten Treffen macht Adenauer den überraschenden Vorschlag, ob die Sowjets nicht der DDR den Status Österreichs – also den eines neutralen Landes – verleihen könnten. Smirnow geht darauf nicht ein, auch Anastas Mikojan nicht, der Bonn Ende April besucht, um einen Handels- und Konsularvertrag zu unterzeichnen. Aber Adenauer hatte sich weit vorgewagt. Er hatte den Sowjets offiziell zu verstehen gegeben, daß er sich die Anerkennung des territorialen Status quo unter bestimmten Voraussetzungen vorstellen konnte!

Spätestens seit der Polenkrise vom Herbst 1956 war jedem deutlich geworden, daß die Sowjetunion auf das Territorium der DDR schon deshalb angewiesen war, um ihre Herrschaft auch im restlichen Osteuropa aufrechterhalten zu können. Die DDR war allerdings kein stabiler Staat. Die Flüchtlingsbewegungen hatten trotz einer gewissen Konsolidierung und steigender Wachstumsraten vor allem in der Konsumgüterindustrie nur unwesentlich abgenommen. Wie sollte die Sowjetunion angesichts dieser Umstände eine Österreich-Lösung für die DDR akzeptieren können, die den Abzug der sowjetischen Truppen mit sich gebracht hätte? Adenauer war mit seinem Vorschlag voraussehbar ins Leere gestoßen. Doch er hatte damit vielleicht erst den Stein ins Rollen gebracht, der nach einer Rede Chruschtschows im Moskauer Sportpalast am 10. November 1958 die Welt aufhorchen ließ.

Linke Seite: Kohlenträger im Westberliner Bezirk Kreuzberg, 1959. In diesem Jahr beginnt sich die Lage in Berlin wieder krisenhaft zuzuspitzen. Was die Menschen am meisten fürchten, ist eine neue Blockade.

Fensterputzerkolonne im Berliner Hansaviertel. Zur Internationalen Bauausstellung 1957 sind die modernen Hochhäuser gerade bezugsfertig geworden.

»Anscheinend ist der Zeitpunkt gekommen, auf die Reste des Besatzungsregimes in Berlin zu verzichten und dadurch die Möglichkeit für die Herstellung normaler Zustände in der Hauptstadt der DDR zu schaffen«, sagt er da: »Die Sowjetunion wird, was sie betrifft, alle Funktionen, die noch bei den sowjetischen Organen belassen sind, der souveränen Deutschen Demokratischen Republik übertragen.« Ganz offensichtlich will Chruschtschow damit die Lage an der offenen Flanke Berlin bereinigen, die das privilegierte Ausfalltor für die Flüchtlingsströme aus der DDR war – notfalls durch einen separaten Friedensvertrag mit der DDR. Möglicherweise befürchtete er auch, daß die Bundeswehr – die es am 17. Juni 1953 noch nicht gegeben hatte – nach ihrer atomaren Aufrüstung bei einem neuen Aufstand in der DDR dort intervenieren würde und der Sowjetunion nur die Wahl bliebe zwischen Krieg oder Rückzug, was den Verlust der anderen osteuropäischen Satellitenstaaten nach sich gezogen hätte. »Chruschtschow«, so der amerikanische Botschafter in Moskau, Llewellyn Thompson, »will uns zu irgendeiner Art Anerkennung des Regimes in Ostdeutschland zwingen.« Der Westen, meint Thompson, tue gut daran,

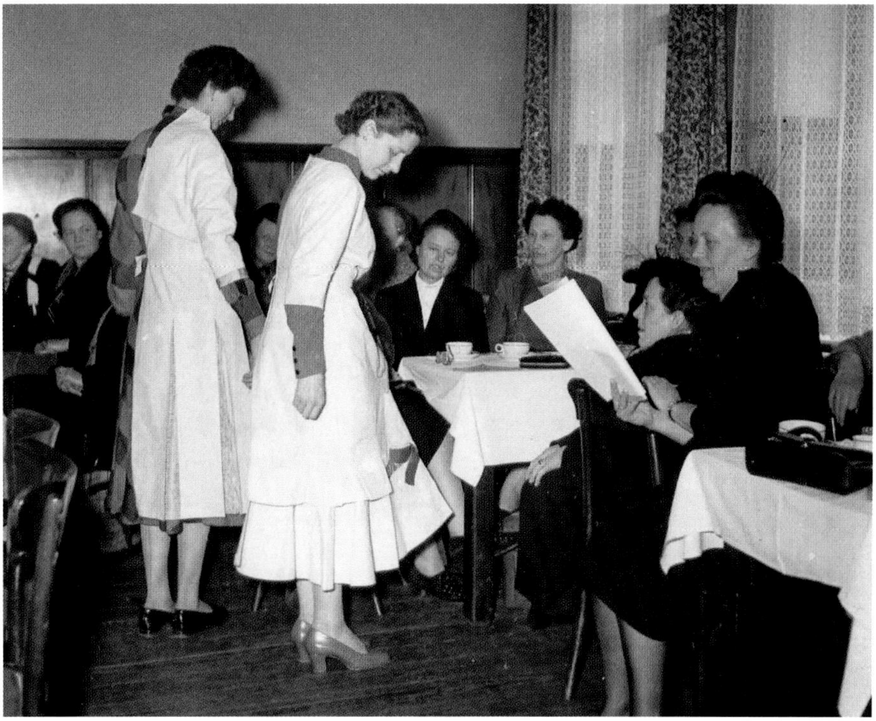

Längst nicht jeder trägt 1956 Konfektion: Vorführung von neuen Nesselstoffen vor der Damenschneider-Innung in einer niedersächsischen Kleinstadt.

sich in den nächsten Monaten auf einen *major showdown* vorzubereiten.

Am 27. November folgt eine offizielle Note an die drei Westmächte, in der vorgeschlagen wird, Westberlin in eine entmilitarisierte »selbständige politische Einheit – eine Freie Stadt –« zu verwandeln. Die westlichen Truppen sollten aus ihren Sektoren abziehen, und Westberlin, unter internationale Garantie gestellt, sollte eine eigene Regierung erhalten und seine inneren Angelegenheiten selbst regeln. Sollte innerhalb von sechs Monaten zu diesen Vorschlägen keine Übereinkunft erzielt werden, würde die Sowjetunion alle Befugnisse, die sie aufgrund alliierter Vereinbarungen für die Zugänge nach Berlin besitze, in einem Separatabkommen an die DDR übertragen. Das war nicht mehr und nicht weniger als ein Ultimatum, mit dem der Viermächtestatus Berlins einseitig aufgekündigt wurde. Am 10. Januar 1959 folgt der Entwurf eines Friedensvertrags mit beiden deutschen Staaten. Auch darin wird für Westberlin der vorläufige Status einer entmilitarisierten freien Stadt vorgesehen. Eine Woche später spricht Willy Brandt, der im Dezember 1958 – auch unter dem Eindruck von Chruschtschows Berlin-Ultimatum – mit überwältigender Mehrheit

zum Regierenden Bürgermeister in Westberlin wiedergewählt worden ist, vor der Beratenden Versammlung des Europarats in Straßburg. Berlin, so Brandt, könne ohne die Anlehnung an das Währungs-, Wirtschafts- und Rechtssystem der Bundesrepublik nicht existieren. Falle diese Bindung weg, wie es Chruschtschow vorhabe, werde seine Stadt sehr schnell »auf niedriger Flamme gargekocht«. Berlin laufe Gefahr, hatte er schon im Wahlkampf immer wieder betont, eine »vogelfreie« Stadt zu werden.

Die Westmächte reagieren unterschiedlich auf diese Erpressungsversuche. Die Briten zeigen wenig Bereitschaft, für Berlin etwas zu riskieren. Die Amerikaner spielen zwar alle möglichen Planspiele bis zu einem denkbaren Präventivschlag durch, doch Willy Brandt muß bei seinem Besuch in den USA Anfang Februar 1959 die Erfahrung machen, daß selbst John Foster Dulles, der kälteste aller Kalten Krieger und Erfinder des *roll back* des Kommunismus, eher zur Zurückhaltung neigt. Die Amerikaner wollen zwar Berlin nicht aufgeben, doch ihre Sorge gilt in erster Linie dem ungehinderten Zugang ihrer Garnison. Über die Fragen des zivilen Verkehrs, der für die Lebensfähigkeit Berlins entscheidend ist, sollten sich die Deutschen untereinander den Kopf zerbrechen, meint der zu diesem Zeitpunkt bereits todkranke Dulles.

Der amerikanische Journalist Walter Lippmann, 1947 Erfinder des Begriffs *Cold War*, geht in einer vielbeachteten Artikelserie unter dem Titel *The Two Germanies and Berlin* noch einen Schritt weiter und spricht Klartext. Lippmann rät der Bundesrepublik offen, die Realitäten zu akzeptieren und die DDR anzuerkennen. Eine ständige deutsche Teilung sei zudem der beste Weg zu einem Ausgleich zwischen Ost und West. Mit seinem untrüglichen Gespür für den Zeitgeist hatte Lippmannn damit so etwas wie eine künftige Generallinie des Westens auf den Punkt gebracht. Schon die Außenministerkonferenz der vier ehemaligen Siegermächte, die zwischen Mai und August 1959 auf Anregung der Westmächte – zum ersten Mal mit Vertretern der beiden deutschen Staaten – in Genf stattfindet, gibt im Prinzip die gesamtdeutsche Perspektive auf und konzentriert sich im wesentlichen auf eine für alle Mächte akzeptable Berlin-Regelung. Die Sowjetunion, hatte Gromyko bereits vor Beginn der Konferenz zu Selwyn Lloyd gesagt, »will keine Wiedervereinigung, und Großbritannien auch nicht«. Der neue amerikanische Außenminister Christian Herter schlägt vor, über eine Wiedervereinigung Berlins vor einer Wiedervereinigung Deutschlands zu verhandeln. Gromyko lehnt dies zwar ab, doch zwischen den Zeilen war damit deutlich geworden, daß sich der Westen im Prinzip eine Lösung der Berlin-Frage unabhängig von einer Lösung der deutschen Frage

Linke Seite: Fünf Tage nach Schließung der Berliner Grenze unterbindet die Volkspolizei ein Gespräch über den Zaun. Stacheldrahtzäune und ein Schutzwall aus Armee und Polizei stehen am Beginn der »Mauer«.

Bernhard Kimmel: Al Capone aus der Pfalz

Im Pfälzer Wald nahe Lambrecht finden Bernhard Kimmel und seine Freunde Mitte der fünfziger Jahre von Wehrmachtssoldaten am Ende des Krieges zurückgelassene Gewehre und Munition. Sie schießen auf Straßenschilder, wildern Rehe und knacken 1957 ihren ersten Tresor. Bald gilt Kimmels Truppe als eine der gefährlichsten Jugendbanden in Deutschland. Bis 1961 gehen fast 200 Einbrüche auf ihr Konto. Kimmel und seine Freunde erbeuten über 100 000 Mark – damals bei Monatslöhnen von vielleicht 400 Mark ein echtes Vermögen.

In der Silvesternacht 1960/61 ist die Halbstarken- und Räuberzeit vorbei. Während einer Feier im Wald erschießt ein betrunkenes Mitglied der Bande einen Hüttenwirt. Der Großfahndung kann sich Kimmel durch Flucht mit seiner Freundin in die Wälder entziehen. Nach seiner Festnahme entkommt er während eines Lokaltermins erneut. Er wird wieder gefaßt und vor Gericht gestellt. Weil ein Teil der Beute, die angeblich in Milchkannen verstaut im Wald vergraben liegt, verschwunden bleibt, verurteilt ihn das Gericht zu einer hohen Freiheitsstrafe, von der er neun Jahre verbüßt. 1970 kommt er wegen guter Führung vorzeitig auf freien Fuß.

Kimmel wird im Kulturbetrieb herumgereicht. Illustrierte schreiben über ihn. Aber er bleibt seinem Milieu verbunden. Im Dezember 1981 bricht er mit einem Komplizen in eine Sparkasse im hessischen Bensheim ein. Ein Polizist beobachtet die beiden und alarmiert seine Kollegen. Als sie eintreffen, wirft Kimmel eine Handgranate. Ein Beamter stirbt, ein zweiter liegt schwerverletzt am Tatort.

Es ist das mutmaßliche Ende einer kriminellen Karriere. Kimmel kommt im Dezember 2003 frei. Bis dahin hat er 31 Jahre hinter Gittern verbracht.

vorstellen konnte. Die Konferenz geht ergebnislos zu Ende. »Die Folge«, schreibt Willy Brandt, »besonders auf amerikanischer Seite machte sich die Ungeduld derer Luft, die die deutsche Unbeweglichkeit beklagten.« Immerhin gelingt es Eisenhower, Chruschtschow bei einem Besuch in Camp David im September zur Zurücknahme des Ultimatums zu bewegen und in Zukunft ohne festgelegte Zeitgrenze zu verhandeln. Bei seinem ersten Gespräch mit Chruschtschow in Washington und auf einer Pressekonferenz im Anschluß an das Treffen von Camp David bezeichnet der amerikanische Präsident die Lage in Berlin überraschend als »nicht normal« – was den sowjetischen Führer in seiner Forderung nach einer Änderung der Situation in aller Öffentlichkeit unmißverständlich bekräftigt.

Doch im Mai 1960 kommt es auf einer Gipfelkonferenz in Paris zu einem Eklat, weil ein amerikanisches U2-Spionageflugzeug über Swerdlowsk abgeschossen und der Pilot Gary Powers gefangengenommen wurde.

In mühevoller Tag- und Nachtarbeit werden in den fünfziger Jahren im Werbeatelier von Nikolaus Welter in Schlossberg, Aschaffenburg, riesige Kinoplakate gemalt.

Chruschtschow nimmt den Vorfall zum Anlaß, von den USA eine öffentliche Entschuldigung, die Bestrafung der Verantwortlichen und die Zusage, weitere Spionageflüge zu unterlassen, zu fordern. Eisenhower hatte eigentlich wegen der bevorstehenden Gipfelkonferenz nach dem 1. Mai keine Flüge mehr erlaubt. Powers war der letzte Pilot gewesen, den dieses Verbot noch nicht traf, und Eisenhower hatte eine Zeitlang geglaubt, das abgeschossene Flugzeug sei zerstört und der Pilot tot, so daß die Sowjets keine Beweise für eine amerikanische Spionagetätigkeit in den Händen hätten. Doch Powers war mit dem Fallschirm abgesprungen, und auch die belastenden Filmrollen, die er an Bord hatte, waren den Sowjets mehr oder weniger unbeschädigt in die Hände gefallen. Dennoch war die öffentliche Forderung nach Entschuldigung, wie de Gaulle dem Sowjetführer vergeblich klarzumachen versuchte, etwas, das den diplomatischen Regeln eines solchen Treffens kaum entsprach. Chruschtschow setzte damit der Konferenz ein vorzeitiges Ende, zog seine Einladung an Eisenhower nach Moskau zurück und verlangte eine sechs bis acht Monate dauernde Verhandlungspause – bis

Linke Seite: Rosemarie Nitribitt
Rechte Seite : Filmausschnitt aus »Das Mädchen Rosemarie«

Das Mädchen Rosemarie

Ein schwarzes Mercedes-Coupé 190 SL mit roten Ledersitzen und weißen Breitbandreifen. Der Zweikaräter am Finger, Pelzmantel und große Topfhüte, dazu der Pudel an ihrer Seite - die Erkennungszeichen der Frankfurter Edelhure Rosemarie Nitribitt.

Die junge Frau, die am 1. November 1957 erwürgt in ihrer Wohnung aufgefunden wird, hat gut gelebt und verdient. Die Boulevardpresse behauptet, ihr Jahreseinkommen habe bei 100 000 Mark gelegen. Bis zu 200 Mark ist eine ihrer Dienstleistungsstunden wert - damals etwa ein halber Monatslohn.

Furore macht der Fall um die »Gunstgewerblerin« (wie der »Spiegel« schreibt) wegen ihrer angeblichen Kunden: Politiker, Persönlichkeiten des öffentlichen Lebens und Wirtschaftsmagnaten. In ihrem Notizbuch sollen viele bekannte Namen stehen - aber die Gerichte werten es nicht aus. Das Nichtwissen heizt die Gerüchteküche an: Rosemarie Nitribitt wird zum Symbol einer Zeit, die öffentlich Wasser predigt und heimlich Wein trinkt.

Der Hauptverdächtige Heinz Pohlmann, von Beruf Handelsvertreter, ist allerdings alles andere als eine schillernde Figur. Er wird angeklagt, aber das Gericht spricht ihn aus Mangel an Beweisen frei. Die ermittelnden Beamten haben vor der Untersuchung der Leiche die Temperatur in der Wohnung nicht gemessen, weshalb die Tatzeit nicht präzise ermittelt werden kann.

Der Autor Erich Kuby schreibt eine fiktive Geschichte zum echten Mord, die vor allem die Doppelmoral der Zeit angreift: »Das Mädchen Rosemarie« wird mit Nadja Tiller in der Hauptrolle verfilmt. In die Kinos kommt die Geschichte nur nach Schnitten und Änderungen. Regisseur Rolf Thiele muß im Vorspann sogar versichern, daß der Fall Nitribitt nicht typisch für die deutsche Nachkriegsgesellschaft sei. Natürlich ist der Film ein Riesenerfolg.

nach den nächsten amerikanischen Präsidentschaftswahlen. Offensichtlich waren die Sowjets zu der Überzeugung gekommen, daß sie – zumindest mit Eisenhower – in der Berlin-Frage nicht das erreichen konnten, was sie sich erhofft hatten.

Am meisten zeigte sich Adenauer über dieses Zwischenergebnis erleichtert, denn der in seinen Augen verfängliche Geist von Camp David war mit dieser Wendung, zumindest vorläufig, begraben. »Wir haben nochmals fies Jlück jehabt!« teilt er Felix von Eckardt in bestem Kölsch mit. Doch was war das mehr als ein bloßer Zeitgewinn von kurzer Dauer, dem neue Konzepte hätten folgen müssen? Trotz seines wenig durchdachten und eher hilflos vorgetragenen Vorschlags einer Österreich-Lösung für die DDR hat sich Adenauer nie dazu durchringen können, auf dem Boden der Nachkriegsrealitäten eine Politik zu formulieren, die diesen Realitäten Rechnung getragen hätte, ohne damit berechtigte Grundsätze aufzugeben. »Das Pochen auf – manchmal auch nur eingebildete – deutsche Rechtsansprüche und die wegen ihrer naiven Inbrunst nicht selten belächelte Vertrauensseligkeit im Umgang mit alliierten Zusicherungen hatten die deutschen Dinge nicht im geringsten zu fördern vermocht«, schreibt Willy Brandt in seinen *Erinnerungen*: »Der offenkundige Realitätsverlust mußte durch eine neue Politik überwunden werden.«

Die neue Sozialdemokratie

Die neue Politik mußte allerdings zuerst in der Sozialdemokratie selbst Fuß fassen. Ende Februar 1958 hatte Herbert Wehner den Plan einer Konföderation beider deutscher Staaten in die Debatte geworfen, und zu Beginn der Berlin-Krise hatte die SPD einen Deutschlandplan vorgelegt, der einen paritätisch zusammengesetzten Gesamtdeutschen Rat vorsah, aus dem eine verfassungsgebende Versammlung hervorgehen sollte. Ein auf diesem Weg demokratisch vereintes Deutschland würde keinen Blöcken mehr angehören, von fremden Truppen geräumt und von Atomwaffen frei sein. Doch auch der Geist, der aus solchen Plänen sprach, war in den Augen Willy Brandts von einem gewissen Realitätsverlust gezeichnet. »Er handelte von nicht eigentlich Falschem und lag doch neben der Wirklichkeit«, erklärt er die Nuancen, die seine Idee eines Neuansatzes von dieser – sozialdemokratischen – Politik unterscheidet: »Es war eben auch noch wieder ein Unterschied, ob Modelle einer Konföderation aus Deutschland kamen oder aus Denkstuben der Siegermächte; daß sie allesamt fruchtlos blieben, hatten die vergangenen Jahre gezeigt.« An den Realitäten orientierte Politik, so Brandt, mußte in Zukunft bedeuten, »daß ungelöste Probleme

Die Familie Schölermann: Die Mutter aller Soap-Operas

»Unsere Nachbarn heute abend« lautet der Untertitel der ersten deutschen Familien-Fernsehserie, die zwischen 1954 bis 1960 in der ARD läuft. Die »Schölermanns«, das sind: Vater Mathias Schölermann, Angestellter und späterer Spülmaschinenvertreter. Die Hausfrau Trude Schölermann. Sohn Heinz, der in einer Autowerkstatt arbeitet und sehr zum Mißvergnügen seiner Eltern in eine ältere Frau verliebt ist. Tochter Eva, die als Schneiderin lernt. Und der kleine Sohn und Schüler Joachim.

Der Sender gibt zunächst nicht einmal die Namen der Schauspieler bekannt. Die Schölermanns sind Nachbarn, aus deren Wohnzimmer alle vierzehn Tage zwischen 20 und 21 Uhr eine Stunde lang – live – gesendet wird. In diesen 60 Minuten ist ein einziger Raum Spiegelbild der Sorgen und Nöte in der Republik. Es geht um Arbeit und Neuanschaffungen, Geld- und Schulprobleme, erste Verliebtheit und die nächsten Familienfeiern. Politische Themen spielen kaum eine Rolle. Immerhin sorgt manchmal der Besuch von Verwandten aus der DDR für Gesprächsstoff.

Bis März 1960 und 111 Folgen lang verfolgen die Zuschauer den Alltag der Familie. Die Resonanz ist phänomenal, am Anfang verfolgen neun von zehn deutschen Fernsehbesitzern die Episoden. Eine Leserbriefschreiberin in der »Hör Zu« schreibt: »Die Familienmitglieder sind wirklich gut ausgewählt. Es sind Menschen wie wir alle.«

Nach fünf Jahren wird die Sendung wegen des unübersehbar sinkenden Zuspruchs eingestellt. Da sind die südhessisch sprechenden »Hesselbachs« schon auf Sendung. Die Serie mit Einschaltquoten von bis zu 94 Prozent macht ihre Vorgängerin schnell vergessen.

der Vergangenheit uns nicht daran hinderten, die Zukunft zu gestalten«. Ohne dabei Grundsätze aufzugeben – wie das beim Deutschlandplan der SPD der Fall war. Wehners Plan war bald vom Tisch.

Bewegung zu erzeugen, ohne Grundsätze aufzugeben: Um diesen archimedischen Punkt kreisten Brandts Gedanken, aus denen später das ausgereifte Konzept einer neuen Ostpolitik werden sollte, schon zu dieser Zeit. Eine verdächtige Nähe zur Aufgabe von Grundsätzen vermutet er auch bei der Bewegung »Kampf dem Atomtod«. Deutschlands Hauptproblem, erklärt er nach seiner Wahl zum Regierenden Bürgermeister kurz nach dem Chruschtschow-Ultimatum, sei nicht, ob die Bundeswehr irgendwann einmal mit Atomwaffen ausgerüstet werden solle. Es gehe vielmehr darum, »daß man uns und der Welt mit bestehenden russischen Atomwaffen droht«.

In einer Zeit, da Konrad Adenauers Grenzen immer deutlicher erkennbar werden, entwickelt sich Willy Brandt jetzt zu einem neuen Stern am politischen Himmel Deutschlands. Als Regierender Bürgermeister der Frontstadt Berlin steht er im Fokus der Weltpolitik - für einen Landespolitiker eine außergewöhnliche Situation. Als »junger Mann mit glänzender Zukunft in der deutschen Politik« wird er schon auf seiner USA-Reise 1958 von den amerikanischen Medien beschrieben. Er ist weltgewandt, spricht mehrere Sprachen fließend und hat so gar nichts von der trockenen Funktionärsnatur an sich, die den SPD-Vorsitzenden Erich Ollenhauer kennzeichnet. Seit dem Stuttgarter Parteitag 1958 ist er Mitglied des Parteivorstands der SPD.

Käthe Strobel (1907–1996), rechts, gehörte für die SPD schon dem ersten Bundestag an. 1969 wird sie die erste SPD-Bundesministerin (für Familie und Jugend).

Für die Sozialdemokraten, die bei den Bundestagswahlen 1957 mit 31,8 Prozent immer noch weit hinter der CDU/CSU zurückgeblieben waren, ist der Parteitag in Stuttgart der Beginn einer grundlegenden Erneuerung, begleitet von Diskussionen auf allen Ebenen der Partei, die in der Geschichte der SPD ohne Beispiel waren. Mit Brandt sind auch Männer wie Helmut Schmidt, Gustav Heinemann, Herbert Wehner und Alex Möller in die Führungsriege aufgestiegen. Die Öffentlichkeitsarbeit wird modernisiert. Vor allem aber arbeiten die Genossen an einem neuen Grundsatzprogramm, das den Realitäten der Bundesrepublik besser gerecht werden und das marxistisch geprägte Heidelberger Programm von 1925 ablösen soll.

Es war veraltet. »Angesichts der Verwestlichung der bundesrepublikanischen Gesellschaft, die vom allergrößten Teil der Bevölkerung ausdrücklich begrüßt wurde«, schreibt Manfred Görtemaker, »waren antikapitalistisch-antiwestliche Grundhaltungen von vornherein dazu verurteilt, nur eine Minderheit zu repräsentieren.« Die SPD mußte sich, wollte sie eines Tages regierungsfähig werden, stärker zur Mitte hin orientieren - auch in ihren wirtschaftspolitischen Grundsätzen.

Mit der Einführung der dynamischen Rente im Januar 1957 hatte es bei der Abstimmung im Bundestag eine Annäherung von SPD und CDU/CSU gegeben, während die FDP gegen dieses Rentenkonzept war. Damals gab

Auch das gehört noch zum Bild der sechziger Jahre: Ein ambulanter Scherenschleifer in Kreuzberg.

es auch in der Regierungspartei einige Leute, die sich angesichts des fortschreitenden Alters des Kanzlers Gedanken über eine Große Koalition machten. Jakob Kaiser gehörte zu ihnen, der schon immer für ein Bündnis mit den Sozialdemokraten gewesen war, aber auch Eugen Gerstenmaier, dem aus der Zeit des Widerstands gegen Hitler das Zusammenwirken von Konservativen und Sozialdemokraten geläufig war und der in der Ostpolitik auf mehr Flexibilität drängte. Adenauer war auf dem Rückzug, der jedoch länger dauerte, als viele damals vermuteten. 1959 hatte er sich kurzfristig eingeredet, für die Nachfolge Theodor Heuss' als Bundespräsident zu kandidieren. Er wollte dabei allerdings, wie de Gaulle, seinen Einfluß auf die Politik nicht aufgeben und stellte sich vor, auch in seiner neuen Funktion regelmäßig an Kabinettssitzungen teilzunehmen. Doch aus der Kandidatur wurde nichts, weil Adenauer befürchten mußte, daß dann Ludwig Erhard, der in seinen Augen lediglich ein guter Wirtschaftspolitiker war, zum Bundeskanzler gewählt würde. Also blieb er im Amt. Vorläufig. Doch im Prinzip sind in dieser Zeit die Würfel für mögliche andere Regierungskoalitionen als in der Adenauerzeit der fünfziger Jahre gefallen. Das geteilte Deutschland, erklärte Herbert Wehner für die SPD, könne auf Dauer nicht »unheilbar miteinander verfeindete Christliche Demokraten und Sozialdemokraten ertragen«.

Eine Annäherung war durch die Wende, der sich die SPD auf ihrem Sonderparteitag in Bad Godesberg 1959 unterzog, eher denkbar geworden. »Der demokratische Sozialismus«, heißt es im *Godesberger Programm*, »der in Europa in christlicher Ethik, im Humanismus und in der klassischen Philosophie verwurzelt ist, will keine letzten Wahrheiten verkünden.« Die SPD war in Godesberg, auch programmatisch, aus einer Klassenpartei zu einer Volkspartei geworden.

Kaum jemand verkörperte diesen neuen Weg als Person besser und überzeugender als Willy Brandt. Er wird im Januar 1960 im Haus von Annemarie Renger, der frühen Mitarbeiterin Kurt Schumachers, auf Drängen von Fritz Erler und Herbert Wehner, der sich inzwischen selbst zum außenpolitischen Kurs von Brandt bekennt, zum neuen Kanzlerkandidaten der SPD auserkoren. 1961, zur Zeit des Mauerbaus in Berlin, bestreitet er seinen ersten Wahlkampf.

Die Mauer

Die Nacht zum 13. August 1961 verbringt Willy Brandt im Schlafwagen eines Zuges auf dem Weg nach Kiel, wo er mit einer Großkundgebung die zweite Phase des Wahlkampfs eröffnen will. Die Spannungen um Berlin hatten in den letzten Tagen spürbar zugenommen, und er hatte erst an diesem Tag, dem 12. August, beim Deutschlandtreffen der SPD in Nürnberg mit heiserer Stimme verkündet, die Sowjetunion bereite »einen Anschlag gegen unser Volk« vor. Die Flüchtlingszahlen aus der DDR waren 1961 lawinenartig angeschwollen. Im Juli waren es 30 000, im August bis dahin schon über 40 000. Die Menschen, so Brandt in Nürnberg, hätten Angst, »daß die Maschen des Eisernen Vorhangs zementiert werden. Weil sie fürchten, in einem gigantischen Gefängnis eingeschlossen zu werden. Weil sie die brennende Sorge haben, sie könnten vergessen werden, abgeschrieben werden, geopfert werden auf dem Altar der Gleichgültigkeit und verpaßter Chancen.« Es ist morgens 5 Uhr, am 13. August, als Brandt unbarmherzig durch das Klopfen des Schaffners an die Tür seines Schlafwagenabteils geweckt wird. Eine dringende Botschaft seines Kanzleichefs Heinrich Albertz erreicht ihn auf diesem Weg, er möge umgehend die nächste Maschine nach Berlin buchen, denn seit dem frühen Morgen habe Ulbricht damit begonnen, die Sektorengrenzen abzuriegeln.

17. August 1961, Bernauer Straße, Berlin-Wedding. Flucht aus einem zum Ostteil gehörenden Haus. Der Bürgersteig gehört zum Westsektor.

Am Vormittag des 12. August hatte der Ministerrat der DDR beschlossen: »Zur Unterbindung der feindlichen Tätigkeit der revanchistischen und militaristischen Kräfte Westdeutschlands und Westberlins wird eine solche Kontrolle an den Grenzen zu den Westsektoren von Großberlin eingeführt, wie sie an den Grenzen jedes souveränen Staates üblich ist. Es ist an den Westberliner Grenzen eine verläßliche Bewachung und eine wirksame Kontrolle zu gewährleisten, um der Wühltätigkeit den Weg zu verlegen.« Das war nun mit dem Aufmarsch von Einheiten der Volkspolizei, der nationalen Volksarmee und Betriebskampfgruppen mit Mannschaftswagen und Schützenpanzern bereits in vollem Gange. Die Einheiten sind um 2 Uhr morgens aus ihren Bereitstellungsräumen an den Sektorengrenzen eingetroffen. Stacheldrahtverhaue werden verlegt und spanische Reiter aufgestellt. Kurz nach zwei werden an mehreren Orten die ersten Straßen aufgerissen und Barrikaden aus Steinen errichtet. Maschinengewehre werden in Stellung gebracht. Panzer fahren an der Warschauer Brücke, Unter den Linden,

23. August 1961. Noch ist in der Harzer Straße in Berlin-Neukölln unter den Augen eines NVA-Soldaten ein Gespräch über die halbhohe Mauer möglich.

in der Swinemünder Straße und am Alexanderplatz auf. Der U- und S-Bahn-Verkehr wird mit Ausnahme des Bahnhofs Friedrichstraße eingestellt. Es ist die Nacht von einem Samstag auf den Sonntag, und Ulbricht hatte zu Recht damit kalkuliert, daß im Westen am Wochenende kaum Politik gemacht wird.

Am 13. August 1961 segelt der neue amerikanische Präsident John F. Kennedy auf seiner Yacht *Marlin* vor Hyannis Port, Außenminister Dean Rusk besucht ein Baseballspiel, Premierminister Harold Macmillan befindet sich auf Moorhuhnjagd in Schottland, und Charles de Gaulle erholt sich auf seinem Landsitz Colombey-les-Deux-Églises. Rusk findet im Laufe des Tages die Worte zu einer ersten, eher zurückhaltenden Erklärung. Die Sperrmaßnahmen, so der amerikanische Außenminister, seien in erster Linie gegen die Bewohner Ostberlins und Ostdeutschlands gerichtet und nicht gegen die verbrieften Rechte der Alliierten in Berlin. Dennoch stelle die Absperrung der Grenzen eine Verletzung des Vier-Mächte-Status der Stadt dar und müsse deshalb »Gegenstand eines energischen Protests

SED-Mitgliedschaft in der SBZ/DDR

1971 sind in der DDR mehr als 16 Prozent der erwachsenen Bevölkerung Mitglied oder Kandidaten der SED.

Jahr	Bevölkerung SBZ/DDR*	SED-Mitglieder**	in %
1946	11 711	1298	11,09 %
1950	13 657	1750	12,81 %
1963	12 087	1680	13,90 %
1971	11 780	1910	16,21 %

*alle Zahlen in Tsd.

**ab 1950 Mitglieder und Kandidaten zusammengefaßt

Quelle: DDR-Handbuch, Band 2, Köln 1985, Der SED-Staat. Geschichte und Struktur der DDR, Dresden 1998

über angemessene Kanäle« sein. Nicht mehr. Im Grunde genommen war man in Washington erleichtert über dieses von vielen vorausgesehene Ende einer lang andauernden internationalen Krise. Kennedy hatte selbst zu dieser Art Lösung der Berlin-Krise das Seine beigetragen.

Am 25. Juli war er vor die Fernsehkameras getreten und hatte eine ungewöhnlich »harte« Rede gehalten. »Ich habe sagen hören, Westberlin sei militärisch nicht zu halten«, so Kennedy an die Adresse seiner Millionen amerikanischer Zuschauer. »Dies war Bastogne auch und in der Tat auch Stalingrad. Jede gefährliche Position ist zu halten, wenn tapfere Männer dafür einstehen. Wir wollen den Kampf nicht – aber wir haben schon gekämpft.« Und dann kündigte er ein bombastisches Rüstungsprogramm an. Die Hälfte des strategischen Bomberkommandos sollte in Zukunft binnen 15 Minuten in der Luft sein können, der Verteidigungshaushalt um über 3 Milliarden Dollar aufgestockt und die Truppe von 875 000 auf eine Million Mann verstärkt werden. Kennedy wollte die USA tatsächlich auf den Ernstfall vorbereiten. »Der Ursprung der Unruhe und der Spannungen in der Welt ist Moskau und nicht Berlin«, ruft er den Amerikanern zu. »Und sollte es zum Krieg kommen, dann ist er von Moskau und nicht von Berlin ausgelöst worden.«

Doch in Wirklichkeit wollte er eine politische Lösung. Was für Amerika im Kern in Berlin wirklich auf dem Spiel steht, formuliert Kennedy in dieser Rede mit seinen berühmten *three essentials*: das Recht auf die Präsenz der Westmächte in Westberlin, das Recht auf den ungehinderten Zugang und die Sicherheit und Freiheit der Westberliner. *Voice of America* überträgt diese Rede live nach Europa, Lateinamerika und in den Fernen Osten. Eine 26-Minuten-Version wird viermal auch in Russisch ausgestrahlt. In 25 Sprachen übersetzt, werden 300 000 Exemplare ihrer Druckfassung weltweit in Umlauf gebracht. Die internationale Öffentlichkeit sollte verstehen, wo Amerikas Schmerzgrenze lag. Aber auch, was die USA nicht als eine Verletzung ihrer »essentiellen« Interessen betrachten würden. Chruschtschow hatte verstanden. »Das bedeutet, Chruschtschow hat nachgegeben«, meint der amerikanische Präsident, nachdem der Mauerbau begonnen hatte. »Wenn er noch die Absicht hätte, ganz Berlin zu besetzen, hätte er diese Mauer nicht gebaut.« Für Kennedy war die Krise um Berlin mit dem Mauerbau beendet. Die beiden Weltmächte hatten sich nach langem diplomatischem Ringen mit einem Patt abgefunden.

Das war Kennedys vordringlicher Wunsch in dieser Krise gewesen, weshalb er Ende Juli den ehemaligen Hohen Kommissar John McCloy auf diplomatische Mission zu Chruschtschow gesandt hatte. Der sowjetische Führer zeigte sich aufgebracht über Kennedys Rede vom 25. Juli, nannte sie eine »Kriegserklärung« und teilte McCloy mit, er solle Kennedy berichten, »daß wir sein Ultimatum annehmen und entsprechend reagieren«. Doch schon wenig später gibt er McCloy zu verstehen, es gebe keine wirklichen Probleme zwischen beiden Ländern, wenn erst einmal das Deutschlandproblem gelöst sei. Wenn »dieser verfaulte Zahn gezogen worden ist«, so Chruschtschow, könne er sich sogar eine enge Zusammenarbeit zwischen der Sowjetunion und den USA vorstellen. Auch Kennedy hatte jetzt verstanden. »Ostdeutschland entgleitet Chruschtschow«, stellt er Anfang August fest, nachdem McCloy zurückgekehrt war und ihm Bericht erstattet hatte: »Das kann er nicht zulassen. Wenn Ostdeutschland verlorengeht, sind auch Polen und Osteuropa verloren. Er muß etwas tun, um den Flüchtlingsstrom einzudämmen – vielleicht eine Mauer. Und wir werden nichts dagegen tun können. Ich kann die Allianz zusammenhalten, um Westberlin zu verteidigen. Aber ich kann nicht Ostberlin offenhalten.« Die Diplomatie hat viel zur Entschärfung dieser Krise beigetragen, lange bevor sie ausgebrochen war. Marschall Konjew hatte den Chefs der westlichen Militärmissionen bei einem Empfang in Potsdam am 10. August

Ein Panzerfahrer der Nationalen Volksarmee wird nach dem 13. August 1961 für seinen Einsatz mit Blumen und dem Sandmännchen des DDR-Fernsehens belohnt.

sogar verbindlich zugesichert, es sei nichts in Planung, was ihre Rechte auf irgendeine Weise beeinträchtigen könnte. Was in Planung war, sagte er allerdings nicht.

Unmittelbar nach dem Treffen mit McCloy und unter dem Eindruck der *three essentials* aus Kennedys Rede vom 25. Juli hat Chruschtschow sich eines Vorschlags von Walter Ulbricht erinnert, wie man die Fluchtbewegungen aus der DDR stoppen könnte, und ihn aufgegriffen. Bereits im Januar 1961 hatte sich Ulbricht in einem dramatischen Schreiben an Chruschtschow gewandt. »Der konjunkturelle Aufschwung in Westdeutschland, der für jeden Einwohner der DDR sichtbar war«, heißt es da in bemerkenswerter Offenheit, »ist der Hauptgrund dafür, daß im Verlaufe von zehn Jahren rund zwei Millionen Menschen unsere Republik verlassen haben. In dieser Lage waren und sind wir gezwungen, um den Abstand im Lebensniveau wenigstens schrittweise zu mindern, ständig mehr für den individuellen Konsum zu verbrauchen, als unsere Wirtschaft hergab. Das ging ständig auf Kosten unseres Produktionsapparates. Das kann man auf die Dauer nicht fortsetzen.« Ulbricht bittet in diesem Brief deshalb um die Stundung der Rückzahlungsverpflichtungen der DDR gegenüber der Sowjetunion in Höhe von 800 Millionen Mark bis 1966. Doch wie sollte diese Rückzahlung jemals möglich sein, wenn alles so weiterging wie bisher? Ende März schlägt Ulbricht deshalb dem Politischen Beratenden Ausschuß der Warschauer-Pakt-Staaten in Moskau vor, die Fluchtwege nach Westberlin zu »verstopfen, mit Posten unserer Grenzorgane, mit Barrieren, vielleicht auch mit Stacheldrahtzäunen«. Niemand ist von diesem Vorschlag wirklich begeistert, doch Ulbricht erhält immerhin die Vollmacht, für den Fall X »alles vorzubereiten«. Anfang Juli hatte er Botschafter Perwuchin noch einmal in dramatischen Worten geschildert, daß ein Zusammenbruch der DDR unvermeidlich sei, wenn die gegenwärtige Situation der offenen Grenze weiter bestehen bleibe. Am 31. Juli ist Ulbricht in Moskau und spricht mit Chruschtschow über dieses Thema. Erst jetzt, nach dem Besuch McCloys und nach der Verkündung von Kennedys *three essentials*, gibt Chruschtschow grünes Licht für die Sperrung der Grenze. Wenig später verkündet Ulbricht vor den Führern der Warschauer-Pakt-Staaten: »Im Interesse der Existenz und der Entwicklung der DDR sind aktive Maßnahmen notwendig, um den Menschenhandel zu stoppen.« Das Wort »Mauer« fällt in dieser Rede nicht.

Am 30. Juli allerdings hatte Senator J. William Fulbright, ein Vertrauter Kennedys, in einem Fernsehinterview zu dem Flüchtlingsproblem in der DDR Stellung genommen. »Ich verstehe

Linke Seite: Nur wenige Tage nach Schließung der Berliner Sektorengrenzen am 13. August 1961 beginnt der Bau der Mauer, hier an der Lindenstraße zwischen Kreuzberg und Mitte. Die Zahl der Grenzsoldaten übersteigt die Zahl der Bauarbeiter.

nicht«, meinte Fulbright da, »warum die Ostdeutschen ihre Grenze nicht schließen, denn ich denke, sie haben ein Recht, sie zu schließen.« Als Ulbricht am 5. August wieder mit Chruschtschow zusammentrifft, sind sich beide darin einig, Fulbrights Aussage sei ein eindeutiges Indiz dafür, daß der Westen bei einer Grenzschließung nicht intervenieren würde.

Walter Ulbricht hatte auf einer Pressekonferenz am 15. Juni einen Satz ausgesprochen, der bald zum geflügelten Wort werden sollte. »Niemand«, antwortete er da auf die Frage einer Reporterin der »Frankfurter Rundschau«, »hat die Absicht, eine Mauer zu errichten.« Auch wenn ihm dieser Satz nach dem Mauerbau immer wieder als bewußte Lüge ausgelegt wurde – er hat das im Juni noch so gemeint. Selbst am 3. August geht auch der sowjetische KGB noch nicht von einer Mauer aus. »Nach Abschluß des Friedensvertrags«, so ein entsprechendes KGB-Memorandum, »wird die Grenze zwischen Ost- und Westberlin zu einer Staatsgrenze.« Das waren Chruschtschows ursprüngliche Optionen, seit er das Thema eines separaten Friedensvertrags mit der DDR zum ersten Mal aufs Tapet gebracht hatte. Der S- und U-Bahnverkehr zwischen Ost und West sollte eingestellt werden, so das KGB-Memorandum vom 3. August, die militärische Präsenz an der Grenze verstärkt, die Zahl der Übergänge reduziert und die Zahl der in Westberlin arbeitenden Ostberliner gesenkt werden. Aber wäre eine solche Grenze ohne Mauer überhaupt denkbar gewesen? Und wie hätte der Westen darauf reagiert, wenn die Transitwege als Folge des Friedensvertrags plötzlich in die volle Souveränität der DDR übergegangen wären? Mit militärischen Aktionen?

Nach dem letzten Treffen mit Chruschtschow jedoch war der Mauerbau eine beschlossene Sache. Am 7. August unterrichtet Ulbricht das Politbüro offiziell von seinen Moskauer Gesprächen. Doch in die Vorbereitungen für den Fall X, für die er sich Ende März in Moskau die Lizenz geholt hatte, waren zu diesem Zeitpunkt andere schon eingeweiht. Das betrifft insbesondere Erich Honecker, der bereits seit Ulbrichts Rückkehr im Ostberliner Polizeipräsidium in der Keibelstraße einen Haupteinsatzstab vorbereitet. Am 12. August unterschreibt Ulbricht um 16 Uhr auf seinem Landsitz am Döllnsee die Einsatzbefehle für Honeckers Einsatzstab. Um 20 Uhr werden die Offiziere der Volkspolizei eingewiesen und die Betriebskampfgruppen durch Funktionäre der SED zusammengerufen. Verteidigungsminister Hoffmann gibt im Hauptquartier der Nationalen Volksarmee in Strausberg die einschlägigen Befehle aus. 10000 Soldaten, 8200 Volkspolizisten, 3700 Bereitschaftspolizisten, 4500 Männer aus Stasi-Einheiten und 12000 Mann Betriebskampfgruppen stehen bereit. Am 13. August 1961 um 1 Uhr nachts beginnt die Operation »Rose«. Um 6 Uhr morgens ist die zunächst provisorische Grenzsicherung an den Berliner Sektorengrenzen

Die Berliner Mauer am Leuschnerdamm, Kreuzberg. Der Bürgersteig gehört eigentlich schon zu Ostberlin, die Mauer ist aber zurückgesetzt errichtet worden, damit die Häuser im Westen noch betreten werden können.

abgeschlossen. »Jetzt können wir gehen«, sagt Honecker zu seinen Leuten und läßt sich nach Hause fahren.

»Hätten wir uns für ein militärisches Vorgehen gegen Westberlin entschlossen«, schreibt Chruschtschow im Rückblick, »hätten wir die Sache schnell in unserem Sinne erledigt.« Aber: »Das wäre wahrscheinlich erst der Anfang gewesen. Es wäre zu einem militärischen Kraftakt gekommen, in kleinerem oder größerem Umfang. Es wäre möglicherweise zum Krieg gekommen.« Das wollte Chruschtschow auf keinen Fall. So wurde die Mauer gebaut. Eine Blockade Berlins, die die Westalliierten in Erinnerung an 1948 fast am meisten fürchteten, hatte Chruschtschow schon am 7. August in einer Fernsehrede kategorisch ausgeschlossen. Es gab sie tatsächlich nicht. Es gab auch keinen Friedensvertrag mit der DDR. Die Verantwortung der Vier Mächte für Deutschland als Ganzes blieb auch nach dem Mauerbau erhalten – bis zum Abschluß der Zwei-plus-Vier-Gespräche und der Unterzeichnung des Souveränitätsvertrags in Moskau am 12. September 1990.

ANHANG

Verwendete und zitierte Literatur

Abelshauser, Werner Deutsche Wirtschaftsgeschichte seit 1945. *München 2004*

Adorno, Theodor W. Eingriffe. Neun kritische Modelle. *Frankfurt/Main 1966*

Bahr, Egon Zu meiner Zeit. *München 1996*

Bailey, George, Sergei A. Kondratschow und David E. Murphy Die unsichtbare Front. Der Krieg der Geheimdienste im geteilten Berlin. *Berlin 1997*

Birke, Adolf M. Nation ohne Haus. Deutschland 1945–1961. *Berlin 1989*

Bögeholz, Hartwig Wendepunkte – die Chronik der Republik. Der Weg der Deutschen in Ost und West. *Reinbek 1999*

Bracher, Karl Dietrich Die Krise Europas seit 1917. *Frankfurt/Main-Berlin 1993*

Brandt, Willy Erinnerungen. *Berlin-Frankfurt/Main 1994*

Brochhagen, Ulrich Nach Nürnberg: Vergangenheitsbewältigung und Westintegration in der Ära Adenauer. *Berlin 1999*

Bullock, Alan Hitler und Stalin. Parallele Leben. *Berlin 1999*

Calvocoressi, Peter World Politics since 1945, 7th Edition. *London and New York 1996*

Dieckmann, Christoph Rückwärts immer. Deutsches Erinnern. *Berlin 2005*

Diner, Dan Das Jahrhundert verstehen. Eine universalhistorische Deutung. *Frankfurt/Main 2000*

Endres, Elisabeth Die Literatur der Adenauerzeit. *München 1980*

Ferdinand, Horst (Hg.) Reden, die die Republik bewegten. *Opladen 2002*

Frank, Mario Walter Ulbricht. Eine deutsche Biographie. *Berlin 2003*

Fricke, Karl Wilhelm und Roger Engelmann »Konzentrierte Schläge«. Staatssicherheitsaktionen und politische Prozesse in der DDR 1953–1956. *Berlin 1998*

Furet, François Das Ende der Illusionen. Der Kommunismus im 20. Jahrhundert. *München 1996*

Gieseke, Jens Die DDR-Staatssicherheit. Schild und Schwert der Partei. *Bonn 2000*

Glaser, Hermann Deutsche Kultur 1945–2000. *München 1997*

Glaser, Hermann Kleine deutsche Kulturgeschichte von 1945 bis heute. *Frankfurt/Main 2004*

Görtemaker, Manfred Geschichte der Bundesrepublik Deutschland. Von der Gründung bis zur Gegenwart. *München 1999*

Grafe, Roman Die Grenze durch Deutschland. Eine Chronik von 1945 bis 1990. *Berlin 2002*

Haiduck, Manfred Der Dramatiker Peter Weiss. *Berlin 1977*

Hentschel, Volker Ludwig Erhard. Ein Politikerleben. *Berlin 1998*

Hildermeier, Manfred Geschichte der Sowjetunion 1917–1991. *München 1998*

Jäckel, Eberhard Das deutsche Jahrhundert. Eine historische Bilanz. *Frankfurt/Main 1999*

James, Harold Geschichte Europas im 20. Jahrhundert. Fall und Aufstieg 1914–2001. *München 2004*

Jarausch, Konrad Die Umkehr. Deutsche Wandlungen 1945–1995. *München 2004*

Jodl, Markus Amboß oder Hammer? Otto Grotewohl: Eine politische Biographie. *Berlin 1997*

Judt, Matthias (Hg.) DDR-Geschichte in Dokumenten. *Berlin 1997*

Kasza, Peter 1954 – Fussball spielt Geschichte. Das Wunder von Bern. *Berlin 2004*

Kennedy, Robert Dreizehn Tage. Wie die Welt beinahe unterging. *Darmstadt 1974*

Kielmansegg, Peter Graf Das geteilte Land. Deutschland 1945–1990. *Berlin 2000*

Kleßmann, Christoph Die doppelte Staatsgründung. Deutsche Geschichte 1945–1955. *Bonn 1991*

Koop, Volker Der 17. Juni 1953: Legende und Wirklichkeit. *Berlin 2003*

Kowalczuk, Ilko-Sascha und Stefan Wolle Roter Stern über Deutschland. *Berlin 2001*

Kowalczuk, Ilko-Sascha
Das bewegte Jahrzehnt. Geschichte der DDR von 1949 bis 1961. *Bonn 2003*

Lapp, Peter Joachim
Ulbrichts Helfer. *Bonn 2000*

Lehmann, Hans Georg
Deutschland-Chronik 1945–2000. *Bonn 2002*

Leonhard, Wolfgang
Die Revolution entläßt ihre Kinder. *Frankfurt/Main Berlin Wien 1976*

Loth, Wilfried
Stalins ungeliebtes Kind. Warum Moskau die DDR nicht wollte. *München 1996*

Maibaum, Werner
Geschichte der Deutschlandpolitik. *Bonn 1989*

Malzahn, Claus Christian
Deutschland, Deutschland. Kurze Geschichte einer geteilten Nation. *München 2005*

Mayer, Hans
Die umerzogene Literatur. Deutsche Schriftsteller und Bücher 1945–1967. *Frankfurt/Main 1991*

Mayer, Hans Ein Deutscher auf Widerruf. Erinnerungen. 2 Bde. *Frankfurt/Main 1982*

Mensing, Hans Peter (Hg.)
Adenauer–Heuss: Unter vier Augen. Gespräche aus den Gründerjahren. *Berlin 1999*

Merseburger, Peter
Willy Brandt 1913–1992. *München 2004*

Mlynar, Zdenek
Nachtfrost. Das Ende des Prager Frühlings. *Frankfurt/Main 1988*

Neubert, Ehrhart
Geschichte der Opposition in der DDR 1949–1989. *Bonn 2000*

Niemann, Norbert und Eberhard Rathgeb (Hg.)
Inventur. Deutsches Lesebuch 1945–2003. *München/Wien 2003*

North, Michael (Hg.)
Deutsche Wirtschaftsgeschichte. *München 2000*

Podewin, Norbert
Walter Ulbricht. Eine neue Biographie. *Berlin 1995*

Pötzl, Norbert F.
Erich Honecker – Eine deutsche Biographie. *Stuttgart/München 2002*

Rathgeb, Eberhard
Die engagierte Nation. Deutsche Debatten 1945 bis 2005. *München/Wien 2005*

Rupps, Martin
Helmut Schmidt. Eine politische Biographie. *Stuttgart/Leipzig 2003*

Scherpe, Klaus R. (Hg.)
In Deutschland unterwegs. Reportagen, Skizzen, Berichte 1945–1948. *Stuttgart 1982*

Schildt, Axel
Rebellion und Reform. Die Bundesrepublik der Sechzigerjahre. *Bonn 2005*

Schöllgen, Gregor
Jenseits von Hitler. Die Deutschen in der Weltpolitik. *Berlin 2005*

Schöllgen, Gregor
Willy Brandt. Die Biographie. *Berlin/München 2001*

Schubarth, Wilfried und Richard Stöss (Hg.)
Rechtsextremismus in der Bundesrepublik Deutschland. Eine Bilanz. *Bonn 2000*

Schwarz, Hans-Peter
Adenauer. 2 Bde. *München 1994*

Steininger, Rolf
Der Kalte Krieg. *Frankfurt/Main 2003*

Steininger, Rolf
Der Mauerbau. Die Westmächte und Adenauer in der Berlinkrise 1958–1963. *München 2001*

Steininger, Rolf
Deutsche Geschichte 1945 bis zur Gegenwart. 4 Bde. *Frankfurt/Main 2002*

Strauß, Franz-Josef
Die Erinnerungen. *Berlin 1998*

Stürmer, Michael
Die Grenzen der Macht. Begegnung der Deutschen mit der Geschichte. *Berlin 1990*

Stürmer, Michael
Die Kunst des Gleichgewichts. Europa in einer Welt ohne Mitte. *Berlin/München 2001*

Sudoplatow, Anatoli und Pawel A
Die Handlanger der Macht. Enthüllungen eines KGB-Generals. *Düsseldorf 1994*

Weber, Hermann
Geschichte der DDR. *München 1999*

Winkler, Heinrich August
Der lange Weg nach Westen. 2 Bde. *München 2000*

Wolfrum, Edgar
Die geglückte Demokratie. Geschichte der Bundesrepublik Deutschland von ihren Anfängen bis zur Gegenwart. *Stuttgart 2006*

Wolkogonow, Dimitri
Die Sieben Führer. Aufstieg und Untergang des Sowjetreichs. *Frankfurt/Main 2001*

Wolle, Stefan
Die heile Welt der Diktatur. *Bonn 1999*

Zitelmann, Rainer, Karlheinz Weissmann und Michael Grossheim
Westbindung. Chancen und Risiken für Deutschland. *Frankfurt/Main-Berlin 1993*

Bildnachweis

AdsD d. FES, Archiv der sozialen Demokratie der Friedrich-Ebert-Stiftung 31, 145
Bertelsmann AG, Unternehmenskommunikation 41
C&A Mode KG 68
DDR-Fotoarchiv 8, 10, 11, 16, 17, 19, 20, 21, 22, 23, 24, 25, 26, 27, 29, 34, 60, 61, 72, 79, 90, 94, 99, 101, 114, 151
Deutsches Historisches Museum, Berlin 7, 48, 53, 92, 138, 119
Deutsches Schlagerarchiv 42
Evangelische Kirche in Berlin-Brandenburg-schlesische Oberlausitz 100
Filmmuseum Berlin – Stiftung Deutsche Kinemathek Deutsches Filmmuseum 38, 54, 142
Fischtown, Bremerhaven 126
Haus der Geschichte Baden-Württemberg 44
Heimatbibliothek des Heimatbundes für das Oldenburgische Münsterland, Vechta 32, 39, 40, 47, 66, 69, 87, 93, 108, 109, 112, 121, 127, 131, 133, 137
Landesarchiv Berlin 125, 134, 136, 146, 148, 149, 152, 155
Ludwig Schirmer/Ostkreuz 62, 83
Public Domain 51, 120
Romy Schneider Archiv 50
Ruhrlandmuseum Essen 57, 59, 64, 67
Stadt- und Stiftsarchiv Aschaffenburg, Bildarchiv Eymann, Aschaffenburg 107, 111, 141
Stadtarchiv Essen, Rot-Weiss Essen e.V. 35
Stadtarchiv Münster 55, 104
Steintor: Verlagsgesellschaft, privat 14, 36, 45, 46, 73, 122
Stiftung Haus der Geschichte der Bundesrepublik Deutschland 77
ullstein bild 15, 56, 71, 75, 80, 116, 128, 132

Die Filme und ihre Quellen

Das Projekt »Wir Deutschen« umfaßt in 12 Bänden mit insgesamt 12 Filmen die Geschichte der Deutschen von 1815 bis zur Gegenwart. Die Filme stellen »Die Deutschen« in einer kaleidoskopartigen Montage aus Hunderten von Filmquellen der jeweiligen Zeit dar. Da wir die Geschichte alltäglicher, regionaler und emotionaler erzählen wollen, als es die vom Fernsehen gesetzten Standards heute tun, können wir nicht nur auf die bekannten und gut erschlossenen Archive zurückgreifen.

Woher stammen unsere Quellen? Wieweit sind sie dokumentarisch? Was ist »manipuliert«? Welchen Einfluß hat die Entwicklung des Films auf unser Vorgehen? Das sind Fragen, die der folgende Text beantworten will, um dem Betrachter einen kritischen Umgang mit den filmischen Dokumenten zu ermöglichen.

Filmische Archive

Die großen nationalen Archive, insbesondere das Bundesarchiv in Berlin bzw. Koblenz, das » National Archives« in Washington/DC, das Filmarchiv des Imperial War Museums in London, aber auch die Nationalen Filmarchive der Niederlande, Polens und Österreichs sind die Quellen der meisten zeitgeschichtlichen Dokumentationen. In manche dieser Archive sind die Bestände der großen privaten Filmproduktionen eingegangen. Dies gilt insbesondere für die bis 1945 in Deutschland produzierten Wochenschauen und Dokumentarfilme.

Die Wochenschauen von Gaumont und Pathé, die schon seit Beginn des 20. Jahrhunderts von wichtigen, sensationellen und skurrilen Ereignissen berichten, werden noch heute kommerziell vermarktet, ebenso die Wochenschauen, die in der Bundesrepublik und in der DDR in den fünfziger, sechziger und siebziger Jahren produziert werden.

Neben diesen Beständen gibt es Archive von nicht-fiktionalen Filmen in Filmmuseen. Im Filmmuseum Berlin archiviert die »Deutsche Kinemathek« auch Dokumentarisches. Im Archiv des Deutschen Filmmuseums in Frankfurt, im Stadtmuseums München und im Filmmuseum Düsseldorf finden sich Nachlässe von Privatpersonen und Unternehmen.

Seit Mitte der fünfziger Jahre ist das öffentlich-rechtliche Fernsehen der größte Archivar eigener Dokumentationen und von Beiträgen der Fernsehnachrichten. Das »Haus des Dokumentarfilms«, gegründet 1991 und weitgehend vom öffentlich-rechtlichen TV getragen, hat sich »die Sammlung, Erforschung und Förderung des deutschen und internationalen Film- und Fernsehdokumentarismus« zur Aufgabe gemacht. Man sammelt neben den journalistischen Formen der Reportage und der Dokumentation auch künstlerisch und sozial engagierte Dokumentarfilme, Industrie-, Natur-, Lehr- und Kulturfilme.

Wer auf diese Quellen zurückgreift, muß schon im Rechercheansatz bewußt gegensteuern, um nicht die bei vielen Geschichtsdokumentationen oft zentralistische, von der »großen Politik« bestimmte Perspektive zu übernehmen. Dies ist meist ein Blick auf die Metropolen, auf Berlin, München, Frankfurt oder auf die großen Städte des Rheinlandes. Hier kommen die Kameraleute der Wochenschauen hin und zeigen Großereignisse und die Mächtigen am Regierungs-, Unternehmens- oder Verbandssitz.

Mit diesen Aufnahmen läuft der Dokumentarist Gefahr, einseitig das Bild der großen Städte, der technischen, industriellen und kulturellen Avantgarde, der modisch up-to-date-Lebenden zu zeigen. Wir wollen aber auch auf die Ungleichmäßigkeit der Entwicklungen hinweisen, die Rückständigkeit mit der Spitze der Moderne vergleichen, das Alltägliche in Arbeit, Freizeit und Familie mit dem Offiziellen in Politik, Wirtschaft und Kultur.

Unser Anspruch ist, so wenig wie möglich auf diese erschlossenen Archive zurückzugreifen. Wir mußten also neue Quellen finden. Dies haben wir in einer systematischen Recherche getan. Wir haben unsere im Jahr 1983 beiläufig begonnene Sammeltätigkeit seit 1998 immer mehr in dem Projekt »100 Stunden Deutsche Geschichte im Film« systematisiert. Entlang der Grenzen der historischen deutschen Länder wurde in Dorfarchiven, kleinen Stadtmuseen, bei Heimatvereinen, lokalen Medienzentren, bei Film- und Videoclubs und Unternehmen vor Ort gesucht. Und über die Lokalzeitungen haben wir Filmamateure und Besitzer von privaten Filmnachlässen erreicht.

Um eine systematische Recherche konzipieren zu können, mußten wir uns mit der Entwicklung der Filmtechnik beschäftigen, herausfinden, wer Auftraggeber und Produzent gewesen sein kann, und zu welchem Zwecke in der jeweiligen Zeit gefilmt worden war. Zum besseren Verständnis werden wir hier auf Filmhistorie und -technik etwas näher eingehen.

Wochenschauen und Kulturfilme

Der Film wird 1895, fast gleichzeitig in Paris durch die Gebrüder Lumiere (März) und in Berlin durch die Gebrüder Max und Emil Skladanowsky im Wintergarten-Variete (November) »erfunden«. Der erste am 23. Dezember 1895 in einem kleinen Café öffentlich vorgeführte Film »L'Arrivée d'un train« ist im übrigen eine Dokumentation des Alltäglichen.

In Deutschland ist es vor allem der gelernte Optiker Oskar Meßter, der den Film voranbringt. Schon 1896 verkauft er seinen ersten selbstgebauten Filmprojektor. Im gleichen Jahr betreibt er das erste Berliner Kino.Mit der Einrichtung eines Filmateliers wandelt er sich schon bald zum Filmproduzenten.

1914 schafft Oskar Meßter mit der »Meßter-Woche« die erste deutsche Wochenschau. Die frühen Wochenschauen von Pathé, Gaumont, Movietone und Meßter berichten vor allem über Buntes und Skurriles, über Einweihungen, über Sport, aber auch schon über Klatsch. Selbst eine Jagdgesellschaft, einer der vielen wechselseitigen »Staatsbesuche« der deutschen Fürsten, vor allem aber jede blaublütige Hochzeit zieht Kameramänner schon vor dem Ersten Weltkrieg ins kleinste deutsche Fürstentum.

Bei Kaiserbesuchen sind Kameraleute nicht nur erwünscht, sondern vom Gastgeber einbestellt. Deshalb befinden sich heute teilweise ungeschnittene Filmnegative in den Staatsarchiven der einstigen deutschen Länder oder im Besitz einst regierender Dynastien.

Universum-Film AG

Zur Hebung der Moral der deutschen Soldaten an der Front regt der mächtigste Mann der Obersten Heeresleitung, General Erich Ludendorff, 1917 die Gründung einer deutschen Filmgesellschaft an, in der die damals wichtigsten deutschen Produzenten zusammenarbeiten sollen. Am 18. Dezember 1917 wird in Berlin die »Universum-Film AG« gegründet. 1918 verkauft Oskar Meßter seine Firma an die »Universum-Film AG«. Als staatliche Institution stellt die »Ufa« hauptsächlich propagandistische Filme her. 1921 wird die Ufa privatisiert

Die Filmemacher jener Zeit sind zugleich Autoren, Regisseure und Produktionsleiter. Viele ziehen wie Vertreter mit Musterkoffern übers Land, um vor allem Schulen zur Vorführung ihrer Filme zu bewegen.

Das Zeigen von Dokumentationen im Kino zahlt sich für die Besitzer aus. In der Weimarer Republik gibt es zwei Einrichtungen, die sich mit der Prüfung von Filmen beschäftigen. Eine »Filmprüfstelle« führt eine polizeiliche Zensur durch. Darauf folgt eine Prüfung nach künstlerischen Gesichtspunkten. Hier werden die Prädikate »künstlerisch«, »volksbildend« und »Lehrfilm« verliehen. Politisches Ziel der Filmprädikatisierung ist es, das Niveau der Filmproduktion - die damals oft nur Jahrmarktsqualität hat - zu erhöhen. Für den Kinobesitzer besteht der Anreiz des Prädikats darin, daß prädikatisierte Filme bei der Kinoauswertung von der Vergnügungssteuer (die damals »Lustbarkeitssteuer« heißt) entweder ganz oder teilweise befreit sind. Da kann man dann dem Produzenten schon mal einen kleinen Obolus zahlen.

Trotz der Gründung eines Gemeinschaftsunternehmens, an dem sich 200 Städte und Gemeinden beteiligen, macht die Kulturfilmabteilung der Ufa Verluste. Die Ufa-Kulturfilmproduktion wird in der Folge kommerzieller. Von den Dokumentationen entstehen verschiedene Schnittfassungen wie z.B. wissenschaftliche Fassungen für Universitäten, pädagogische für die Schulen und allgemeinverständliche fürs Kino-Publikum, die eine optimale Auswertung des gedrehten Materials garantieren.

Im wirtschaftlichen Krisenjahr 1929 wird der Kulturfilm-Etat der Ufa stark verkleinert, die Produktion erliegt fast vollständig. Die Machtübernahme der Nationalsozialisten bedeutet für die Produktion der Kulturabteilung keine wesentliche Zäsur, denn für den Großteil ihrer Produktionen gilt: In ihrer ästhetischen Form und ihrem pathetischen Gestus sind sie auch von den Nationalsozialisten politisch verwertbar.

Am 1. August 1940 richtet die nationalsozialistische Reichsregierung die Deutsche Kulturfilm-Zentrale ein. Ihr Ziel ist es, die bis dahin von kleineren Firmen getragene Produktion von Kulturfilmen stärker zu kontrollieren. Die meisten freien Kulturfilm-Hersteller sind jetzt fast vollkommen von der Ufa abhängig, von der sie fertige Drehbücher erhalten, die sie dann umzusetzen haben.

Die Kulturfilm-Zentrale untersteht direkt dem Propagandaminister. Sie ist jetzt nicht nur Instrument der Vorzensur, sondern auch die zentrale Produktionsleitung für alle deutschen Kulturfilmer. Ab September 1940 steigt angesichts der erweiterten Kriegswochenschau das Publikumsinteresse an Kulturfilmen mit nicht-politischen Themen.

Erst 1941 werden von der Ufa explizit propagandistische Kriegsfilme, die den Krieg an allen Fronten dabei als Abenteuer erscheinen lassen, hergestellt. Am 18. August 1943 wird die Ufa einziger Auftragsproduzent der NSDAP für Kulturfilme.

Kulturfilme, vor allem die populären Fassungen für den Kinoeinsatz, entstehen zwischen 1923 und 1941 oft mit finanzieller Unterstützung der Städte und Kreise. Deshalb konnten wir in vielen kommunalen Archiven die Auftraggeberkopien und manchmal auch Sonderfassungen dieser Filme entdecken.

Unternehmensfilme und lokale Ereignisschauen

Schon vor dem Ersten Weltkrieg ziehen Kameraleute über das Land und produzieren für die lokalen Kinobetreiber kleine Filmchen. Diese Filme halten örtliche Ereignisse wie Umzüge und Eröffnungen fest. Sie werden mit Schrifteinblendungen versehen und dann – manchmal viele Monate lang – vor dem Filmprogramm gezeigt.

Zunächst sind noch provisorische Einrichtungen, wie umgebaute Verkaufsläden, als Kinosäle die Regel. Sie werden als Kintöppe (Einzahl: Kintopp, eine Verballhornung von »Kinetoskop«) bezeichnet. Nach 1910 entstehen immer größere und luxuriösere Neubauten. Die inzwischen immer längeren Filme werden mit Klavier, in großen Kinos auch mit Orchester begleitet.

Wir haben solche Filme bei den Erben der frühen Kinopioniere selbst in Orten wie Ludwigslust (Mecklenburg), Bernburg (Anhalt) oder Langen (Hessen) gefunden, selbstverständlich auch in Großstädten.

Neben diesen Auftragsproduktionen für Filmtheaterbetreiber dokumentieren seit dem Ende der Inflation 1923 zunehmend auch Unternehmen ihre Produktion und ihre Produkte. Diese frühen Unternehmens- bzw. Industriefilme ähneln in Länge und Form den Kulturfilmen und werden oft von den gleichen Produzenten im Auftrag hergestellt. Sie werden bei lokalen Messen, Industrieschauen, aber auch auf den Weltausstellungen gezeigt. Sonderfassungen laufen auch als »Kulturfilm« vor dem Hauptprogramm im Kino.

Wochenschaubeiträge, Propaganda-Filme, Kultur- und Industriefilme produzieren seit dem ersten Jahrzehnt des 20. Jahrhunderts Menschen, die sich das Filmen und das Kino zum Beruf erwählt haben. Nur vereinzelt wird das Filmen zum Hobby von wohlhabenden, technisch begabten Kaufleuten, Apothekern und Ingenieuren. Diese Filme werden mit professionellem Equipment gedreht und erfordern viel Geld, technische Begabung und chemische sowie optische Kenntnisse. Der Amateurfilm, eine unserer wichtigsten Quellen, kommt erst nach 1923 auf.

Die Filmformate

Das Filmmaterial hat ursprünglich nur eine Breite von 35 mm. Das führt zu einem Bildverhältnis 1,37:1 (Breite x Höhe). Im Fernsehen wird heute als Standard ein Bildfeld von 4:3 gezeigt. Damit gehen im TV 2,7 Prozent des Bildfeldes eines 35-mm-Films verloren. Diesen Verlust sieht man in TV- und Videodokumentationen vor allem bei den Einblendungen von Schrifttafeln. Oft sind Wortanfänge nicht zu sehen, oder es fehlt das letzte Wort eines Satzes.

1923 ist das Geburtsjahr des 16-mm-Umkehrfilms mit entsprechenden Filmkameras und Projektoren. Die Erfindungen von Kodak machen den Amateurfilm möglich. Jetzt werden die Kameras handlicher und das Material preiswerter. Das 16-mm-Format dient seinerzeit nicht nur dem Amateurfilm, sondern ist auch die billigere Alternative zum 35-mm-Kinostandard.

Aufgrund der kleineren Bildfeldgröße ist auch die Qualität schlechter als beim 35-mm-Film. (Bis zur Einführung des Videorecorders im Jahr 1959 ist der 16-mm-Film die einzige Möglichkeit des Fernsehens, seine Sendungen zu archivieren.)

Der Amateurfilm

Im Jahr 1923 kommt gleichzeitig mit dem 16-mm-Film von Kodak das 9,5-mm Pathé-Format auf. Es kann sich weltweit durchsetzen, denn wesentliche Vorteile sind der unbrennbare Umkehrfilm und preiswerte Filmapparate. Diese von Professionellen belächelten Geräte finden beim Publikum begeisterte Aufnahme. Der Pathé-Film hat keine Perforationslöcher an den Seiten, sondern eine Mittenperforation zwischen den Bildern. Er hat so die größte Materialausnutzung aller Filmformate.

Der 9,5-mm-Film wird in Deutschland schon bald durch den 16-mm und 8-mm in den Hintergrund gedrängt und hat heute noch in Frankreich und England eine gewisse Verbreitung. Wir selbst haben viele Filmdokumente aus den Jahren 1924 bis 1938 im Pathé-Format gefunden, in Südwestdeutschland und dem Saarland, die nach 1945 zur französischen Zone gehören, auch noch aus den fünfziger Jahren.

Den Kameramann vor 80 Jahren sieht man stets an einer Kurbel. 1925 bringt das Münchener Unternehmen Niezoldi & Krämer die »Nizo 35« als 35-mm-Amateurfilmkamera auf den Markt. Ein aufziehbarer Federwerkantrieb macht die Kurbel und damit auch das Stativ überflüssig. Es kann ab sofort aus der Hand gefilmt werden. Allerdings nicht sehr lange, denn spätestens nach 20 Sekunden muß das Laufwerk neu aufgezogen werden. Deshalb sind alle Amateurfilmeinstellungen, die vor 1950 entstehen, so kurz. Und sie sind häufig verwackelt. Denn die Handkamera ist für den Amateur schwer zu führen.

1928 wird der 16-mm-Farbfilm »Kodacolor« eingeführt. 1932 kann der Filmamateur statt auf 16 mm auf den 8-mm-Film zurückgreifen. Um Filmkosten zu sparen, entsteht daraus ein eigenes Amateurfilm-Format: Doppel-8-mm. Der Doppel-8-Film hat bei der Aufnahme eine Breite von 16 mm und ist doppelt perforiert. In der Kamera wird zunächst eine Hälfte des Filmes belichtet, später im Rücklauf die zweite. Nach der Entwicklung wird der Film in zwei 8 mm breite Filmstreifen zerschnitten (gesplittet). Die 16-mm-Filmrolle von Kodak kostet 32 Reichsmark, der Doppel-8mm-Farbfilm »nur« 13 Reichsmark. Eine Dreieinhalb-Zimmer-Wohnung kostet zu dieser Zeit 130 Reichsmark Miete. Man ahnt: Filmen bleibt ein teures Hobby für bürgerliche Kreise.

Seit Mitte der dreißiger Jahre ist der Farbfilm bei den Amateuren weit verbreitet. Viele professionelle Filmemacher lehnen ihn noch bis in die späten fünfziger Jahre ab. Aus Kostengründen, aber auch aus künstlerischen, wird noch bis zu Beginn der siebziger Jahre des letzten Jahrhunderts mehr in schwarzweiß gefilmt.

Nachteilig am Doppel-8-Film sind die für den schmalen Film unverhältnismäßig breiten Perforationslöcher. Das führt schließlich zum Super-8-Film, bei dem eine schmalere Perforation ein größeres Bildformat und somit eine weit bessere Bildqualität bietet.

Super-8-Filme werden 1964 auf der Photokina in Köln vorgestellt und tauchen seit 1965 im Handel auf. Bei Super 8 werden 18 Bilder pro Sekunde aufgenommen. Wenn die Batterien der Aufnahmekamera beim Drehen leer werden, lässt die Aufnahmegeschwindigkeit auch schon mal nach, so dass später beim Abspielen ein Zeitraffer-Effekt entsteht. Das muß man, wie wir gelernt haben, beim Schnitt von Super-8-Material bedenken.

Die Aufnahme- und Abspielgeschwindigkeit

Häufig sieht man im Fernsehen Filmsequenzen aus der Zeit, »als die Bilder laufen lernten«, in lustigem Zeitraffer. Alle Objekte bewegen sich schnell, die Menschen rennen. Diese Filme wurden nur falsch transformiert.

Für das menschliche Auge sind 16 Bilder in der Sekunde die niedrigste Bildverschmelzungsfrequenz. Erst dann entsteht der Eindruck eines natürlichen Bewegungsablaufes. Wenn Filme, die mit 16 Bildern/Sek. gedreht worden sind, auf den heutigen Videostandard fehlerhaft abgetastet werden, laufen sie um 50 Prozent zu schnell. Wir haben uns bemüht, die Filme in »menschlicher Geschwindigkeit«, also nicht in Zeitraffer, abzuspielen.

Um eine bessere Tonqualität aufnehmen und wiedergeben zu können, verlangt der Tonfilm zu Beginn der dreißiger Jahre höhere Filmlaufgeschwindigkeiten. Das Heraufsetzen auf die heutigen Bildfrequenzen von 24 Bilder/Sek. im Aufnahmebereich geschah seinerzeit nicht aus den oben genannten »stroboskopischen« Gründen, sondern wegen der neu eingeführten Lichttonspur.

Der Lichtton ist bis heute noch das Standardverfahren zur Tonaufzeichnung bei Kinofilmen. Die Lichttonspuren bestehen aus einem schmalen Streifen am Film, der je nach Toninformation seine Lichtdurchlässigkeit wechselt.

Der Ton auf einer Filmkopie befindet sich nie an der Stelle, an der sich das dazugehörige Bild befindet. Denn im Bildfenster wird der Filmstreifen sowohl bei der Aufnahme als auch bei der Projektion nicht, wie etwa bei einem Tonband, kontinuierlich, sondern ruckweise transportiert.

Am Lichttonlesekopf muß aber der Ton gleichmäßig vorbeigeführt werden. Deshalb wird der am Bildfenster noch ruckelnde Transport in einen kontinuierlichen gewandelt. Hierfür ist eine gewisse Zeitdistanz erforderlich. Beim 35-mm-Film sind dies z.B. 20 Filmbilder. Der Ton zu einem bestimmten Bild befindet sich also 20 Felder vor der Bildinformation.

Der Zustand von Filmen und Videos

Bis Ende der fünfziger Jahre stehen uns Filme in den Formaten 35 mm, 16 mm, 9,5 mm, Doppel-8/Normal-8 oder Super-8 zur Verfügung. Diese liegen selten als Filmnegativ, sondern häufig nur als Vorführkopie mit vielen Vorführschäden wie Bildkratzern, Klebestellen und zerschlissener Perforation vor. Sie sind brüchig und geschrumpelt, häufig auch ausgeblichen.

Nitrofilme, die bis Mitte der dreißiger Jahre Standard sind, sind feuergefährlich und nur mit Umsicht zu transportieren. Farbfilm-Positive sind nach zwei bis drei Jahrzehnten rotstichig. Diese Schwächen können wir manchmal im digitalen Schnitt ausbessern.

Problematisch wird die Quellenlage für filmische Dokumentationen in dem Moment, wo das Fernsehen das vorherrschende Dokumentationsmedium und die Archivierungsinstanz wird. Die Wochenschau verschwindet in West und Ost zu Beginn der siebziger Jahre aus den Kinos.

Die magnetische Aufzeichnung auf »Video« setzt sich zwischen 1960 und der Mitte der achtziger Jahre aus Kostengründen und wegen der Handhabung immer mehr durch. Die Qualität des Materials verbessert sich dadurch nicht, vor allem, weil die analogen Aufzeichnungsbänder mit jeder Benutzung und im Lauf der Zeit stark an Qualität verlieren.

1956 wird in Chicago der erste für die Fernseh-Praxis brauchbare Videorecorder vorgeführt. Die »Ampex VR 1000« arbeitet mit Magnetbändern, die von der »Scotch 3M Company« entwickelt worden sind. Schon zwei Jahre später stellt Ampex den ersten Farb-Videorecorder vor. Elektronische Kameras des Fernsehens zeichnen jetzt bei Großereignissen mit Übertragungswagen Bilder magnetisch auf. In den nächsten Jahren entstehen verschiedene Magnetfilmformate mit immer wieder wechselnden technischen Standards. Sie werden von Firmen wie Ampex, Bosch und Sony entwickelt.

So lassen sich heute Archivbestände von Dokumentationen auf 1-Zoll-A-, 1-Zoll-B- und 1-Zoll-C-Bändern, auf U-matic Lowband- und –Highband und auf betacam-SP-Kassetten finden. Bis Ende der 1960er Jahre sind Videogeräte noch für den Spulenbetrieb konstruiert. Erst mit der Kassettierung wird der Umgang mit den Videobändern auf das simple Einlegen der Kassette reduziert.

Im Jahr 1976 stellt JVC das Format VHS vor. Die Videocassette dieses Systems setzt sich gegen das von Philips und Grundig entwickelte System »Video 2000« durch. In den Jahren 1972 (U-matic) und 1975 (Betamax) präsentiert die Firma Sony die ersten Video-Heimgeräte, die mit kassettierten Bändern funktionieren.

Von Amateurfilmern liegen seit Beginn der achtziger Jahre Quellen auf VHS-, S-VHS-, Betamax- und Video 2000-Kassetten vor. Videogruppen, z.B. alternativer Bewegungen, drehen häufig auf dem semiprofessionellen Standard U-matic low band. Camcorder für Hobby-Filmer gibt es seit 1980. Die ersten tragbaren Videorecorder für Profis sind sehr schwer und werden noch auf den Rücken geschnallt. Noch bis in die 90er Jahre werden umhängbare Recorder benutzt, die immer weniger wiegen. Die ersten Geräte, die man als vollwertige Camcorder bezeichnen kann, sind die Betamovie-Geräte von Sony. Diese können das Bild der eingebauten Kamera direkt auf ein Betamax-Band aufzeichnen.

Die Montage

Bis 1923 sind nichtfiktionale Filmquellen selten, zwischen 1923 und 1935 rar. Ab 1935 setzt zumindest in Deutschland eine filmische Massenproduktion ein, von deren Beständen allerdings einiges in den Kriegswirren verlorengeht. Mit Beginn der elektronischen Aufzeichnung, der Einführung des Super-8-Films und der Filmkassette wird diese Produktion noch einmal gesteigert. Seitdem Video bei den Amateuren den Schmalfilm verdrängt hat, gibt es auch außerhalb des Fernsehens, des Industrie- und Dokumentarfilms eine wahre Flut bewegter Bilder. Und mit der Einführung des filmenden Handys wird wohl jedes große und kleine Ereignis, jede Katastrophe und jeder freudige Anlaß im bewegten Film festgehalten und dokumentiert werden können.

Diese von uns vermutete Quellenlage hat unsere Recherche bestimmt. Auf der Suche nach Filmen bis zum Jahr 1918 sind wir in ganz Deutschland systematisch geographisch vorgegangen. Für den Zeitraum 1923 und 1935 haben wir flächendeckend in jenen, vor allem ländlichen, Regionen recherchiert, in denen Filmquellen bis dahin eher unerschlossen waren. Der Zeitraum 1935 bis Mitte der fünfziger Jahre ist in Filmquellen gut dokumentiert. Hier galt es zwischen vielen Quellen auszuwählen, die schon leichter zugänglich waren. Ab 1955 sind wir in der Recherche nur noch thematisch und punktuell, nicht mehr systematisch geographisch vorgegangen. Allgemeine Aufrufe nach Material hätten uns mit Filmquellen überschwemmt, ihre Überspielung und Sichtung unsere finanziellen und personellen Kräfte überfordert. Hin und wieder half uns der Zufall und wir konnten Filme finden, nach denen wir im Zeitraum ab 1955 nie gesucht hätten.

Die meisten unserer Quellen sind filmisch und nicht voll kompatibel mit elektronisch wiedergegebenen Bildern . Viele Filme wurden noch mit 24 Bildern/Sek. aufgezeichnet. Fernseh- und Videokameras nehmen mit 50 Halbbildern/Sek. auf. Das so genannte PAL-Speed-up dient dazu, daß für sämtliche Geräte im Fernsehen die Bildfrequenz auf die von der PAL-Norm vorgeschriebenen 25 Bilder/Sek. erhöht wird. Dadurch wird ein auf Video transformierter Film um 4 Prozent kürzer und läuft damit in der Wiedergabe schneller. Diese Beschleunigung des Bildes wird vom Menschen allerdings kaum wahrgenommen. Die beschleunigte Abspielung erhöht aber auch den Ton. Dies kann dem Zuhörer auffallen, wenn er Musikaufnahmen schon von einer CD kennt.

Auch an diesem Beispiel läßt sich zeigen, daß unsere filmische Zusammenstellung keine »naturalistische« Dokumentation sein kann. Wir haben alle Filme vertont, denn selbst noch in den fünfziger Jahren haben die wenigsten Filme einen Originalton der Aufnahme. Die Geräusche wurden damals im Studio gemischt und synchronisiert. Das haben wir ebenso betrieben und addieren also zum Originalbild einen nachgemachten Ton.

Schnitt und Montage sind immer ein Kommentar. Sie dokumentieren daher nur das Ereignis, aber nicht die Intentionen der damaligen Schöpfer der Filmquelle. Aus Achtung vor den Filmemachern aus elf Jahrzehnten haben wir die Quellen durch Schwarzblenden klar voneinander getrennt. Uns kommt es darauf an, nicht eine Geschichte bzw. einen Sachverhalt zu illustrieren, sondern aus den Quellen zu erzählen.

Recherche, Ton und Montage sind unsere heutige redaktionelle Leistung, die Filme aber sind das bewegte Bild ihrer Zeit.

Quellennachweis der einzelnen Szenen

DIE DEUTSCHEN
1953 bis 1961

Sigmaringen, Hohenzollern, 1953 Amerikanische Touristen auf den Spuren des Gründers der Miller Brewery Friedrich Miller. *Aufnahmen aus einem englischsprachigen Unternehmensfilm zum 100jährigen Firmenjubiläum der Miller Brewing Company, Milwaukee, Wisconsin*

Leipzig, Herbst 1955 Rock'n Roll in der DDR. *Aufnahmen des Filmkollektivs des VEB Elektrochemischen Kombinats Bitterfeld*

Frankfurt, 1956 Jazz, Jugendkultur und Wirtschaftswunderalltag in der Bundesrepublik. *Aufnahmen für eine US-Wochenschau*

Bundesrepublik, 1953 Motorisierung in der Bundesrepublik. *Bosch Kino Werbefilm »Das Starktonhorn«*

Stuttgart, 1954 Lehrlinge bei der Robert Bosch AG. *Aus einem Bosch-Film zur Anwerbung von Lehrlingen*

Berlin (Ost), 1955 Arbeit in der Druckerei des SED-Zentralorgans »Neues Deutschland«. *Aus einem Film des DEFA-Studios für populäre Filme*

Berlin (West), 1953 Der Tod von Ernst Reuter. *Aufnahmen des US Department of the army*

Husum, Nordfriesland, 1953 Nordfriesen und die dänische Minderheit in Schleswig-Holstein. *Aus dem Jubiläumsfilm »350 Jahre Husum«*

Paderborn, 1954 Eine Familie auf dem Liborius-Markt. *Ungeschnittene Bilder eines Filmamateurs*

Bocholt, westliches Westfalen, 1953 Wochenmarkt mit Spenden für Flüchtlingskinder. *Aufnahmen eine Filmamateurs*

Buxtehude, Sommer 1955 Schlesier besuchen ihren ersten Zufluchtsort. *Aus dem Erinnerungsfilm eines Filmamateurs*

Traunreut, Oberbayern, 1950–1960 Die Vertriebenenstadt Traunreut. *Aus dem Stadtporträt »Traunreut – Symbol einer Gemeinschaft«*

Südbaden, Schwarzwald, 1957 »Mischehe« eines Vertriebenen und einer Einheimischen. *Aus dem Film »Volksbräuche und Lieder schlesischer Heimatvertriebener im Schwarzwald«*

Grimma, Sachsen, 1953 Konfirmation, Kirche in der DDR. *Ungeschnittene 16mm-Filme des lokalen Fotostudios*

Gera, Sommer 1956 Walter Ulbricht bei der Jugendweihe. *Aufnahmen eines Filmkollektivs der FDJ*

Wewelsburg, Kreis Paderborn Sommerlager von katholischen St. Georgs-Pfadfindern. *Aufnahmen eines Filmamateurs*

Backnang, Württemberg, 1954 AEG-Fabrik für Fernmeldetechnik. *Werksfilm der AEG*

Hannover, März 1953 Deutsche Industrie-Messe. *Ungeschnittene 35-mm-Aufnahmen aus dem Werksarchiv der AEG*

Siegerland/Kreuztal, 1953 Bergbau und Erzverhüttung in der Bundesrepublik. *Aus dem Kulturfilm »Im Siegerland«*

Emden, Ostfriesland, März 1954 Stapellauf des Motortankers »Milena«, gebaut für norwegische Rechnung. *Werksfilm der Nordseewerke AG (Thyssen)*

Baden-Baden, 1955 Dreharbeiten mit Hans Albers für den Film »Der letzte Mann«. *Ungeschnittene 35-mm-Aufnahmen eines Kameramanns der Wochenschau*

Bundesrepublik, 1955 MAN stellt alle seine motorisierten Produkte vor. *Aus dem Werbefilm der MAN »Auf Schritt und Tritt«*

Frankfurt, Anfang der fünfziger Jahre Bau von Konzernzentralen und Firmenhochhäusern, neue Wohnsiedlungen. *Ungeschnittene 35-mm-Aufnahmen aus dem Werksarchiv der AEG*

Frankfurt, 1955 Wiederaufbau der Stadt mit modernen Einrichtungen und Wohnsiedlungen. *Aus dem Stadtwerbefilm »Unser Frankfurt heute«*

Berlin, fünfziger Jahre Der Haushalt mit elektrischen Küchengeräten der modernen Hausfrau. *Aus dem Bewag-Werbefilm* »Hinter Schalter und Steckdose«

Schüttorf, Grafschaft Bentheim, fünfziger Jahre Braut und Bräutigam kaufen Brautschuhe mit angesparten Pfennigen. *Aufnahmen eines Filmamateurs*

Vogelsberg, Oberhessen, 1955 Fahrt durch den noch ländlich geprägten Vogelsbergkreis . *Aus dem Film »Brief aus dem Vogelsberg«*

Bokel, Landkreis Cuxhaven, 1955 Örtlicher Schmied und die erste Tankstelle. *Ungeschnittene Aufnahmen eines Filmamateurs*

Menslage, Osnabrücker Land, 1952 Die letzte Fahrt der Kleinbahn »Pingel« von Quakenbrück nach Lingen. *Aufnahmen eines Filmamateurs*

Der Hümmling, Emsland, 1955 Landwirtschaft im Moor: Torfstich, Getreideernte, Schäfer. *Aufnahmen aus dem Film »Sterbendes Urland«*

Hannover, 1955 Rot-Weiss Essen und der 1. FC Kaiserslautern spielen um die Deutsche Fußballmeisterschaft *16-mm Stummfilm des Vereins Rot-Weiss Essen von 1955*

Bitterfeld, 1959 Walter Ulbricht besucht das VEB Elektrochemische Kombinat Bitterfeld. *Aufnahmen des Filmkollektivs des VEB Elektrochemischen Kombinats Bitterfeld*

Bonn, Mai 1955 Die Bundesrepublik Deutschland erhält die Souveränität. *Aufnahmen für eine US-Wochenschau*

Bundesrepublik, 1957 Wahlwerbespot der CDU zu den Landtagswahlen 1958. *CDU-Werbespot »Herr Schmitz«*

Saarlouis, Oktober 1955 Wahlkampf und Wahl zum Saarstatut. *Aufnahmen aus dem Film eines Filmamateurs aus Saarlouis*

Saarbrücken, Januar 1957 Ministerpräsident Hubert Ney und Bundeskanzler Adenauer feiern die »Heimkehr der Saar«. *Aufnahmen aus dem Film eines Filmamateurs aus Saarlouis*

Deutsch-Niederländische Grenze, Emsland, 1957 Grenzgänger kaufen in Holland ein und werden von Zollbeamten kontrolliert. *Ausschnitt aus der regionalen Jahresschau »Unser Emsland«*

Meißen, 1958 Einweihung des Denkmals für die »Opfer des Faschismus«. *Aufnahmen eines unbekannten Filmamateurs*

Bitterfeld, 1954 Rosa Thälmann besucht das VEB Elektrochemische Kombinat Bitterfeld aus Anlaß des 8. Frauentages in der DDR. *Aufnahmen des Filmkollektivs des VEB Elektrochemischen Kombinats Bitterfeld*

Nartum, Landkreis Rotenburg/Wümme, 1958 Kinder und Lehrer an der örtlichen Dorfschule. *Ungeschnittene Aufnahmen eines Filmamateurs*

Ostseeinsel Zingst, 1956 Kinderferienlager des VEB Elektrochemischen Kombinats Bitterfeld. *Aufnahmen des Filmkollektivs des VEB Elektrochemischen Kombinats Bitterfeld*

Bundesrepublik, 1955/56 Gründung der Bundeswehr. Kanzler Adenauer besucht die Kaserne in Andernach. *Aufnahmen für eine US-Wochenschau*

Werlte, Landkreis Emsland, 1959 »Tag der Offenen Tür« der Bundeswehr. *Aufnahmen eines Filmamateurs*

Pirna, 1959 NVA-Soldaten werden zur Grenzwacht an der Waffe geschult. *Aufnahmen aus der »Kreisfilmschau Pirna«*

Saarland, 1958 Lehrlinge im Saarbergbau. Aus einem berufskundlichen *Film der »Bundesanstalt für Arbeitsvermittlung und Arbeitslosenversicherung«*

Papenburg, 1958 Zugfähre setzt von Papenburg nach Halte über. *Aufnahmen eines Filmamateurs*

Germersheim, Pfalz, 1958 Grundseilfähre setzt von Germersheim nach Leimersheim über. *Aufnahmen eines Filmamateurs*

Nürnberg, 1956 Montage einer Zündapp-Bella. *Aus ungeschnittenem Material für einen Zündapp-Werksfilm*

Wolfsburg, 1955 Besuch im Volkswagen-Werk Wolfsburg. *Aus dem VW-Werbefilm »Aus eigener Kraft«*

Kärnten, Österreich, Sommer 1955 Ein junges Paar macht mit seinem neuen Janus Campingurlaub am See. *Aus dem Werbefilm für den Zündapp Janus*

Lauf an der Pegnitz, Mittelfranken, 1959 Seifenkistenrennen. *Aufnahmen eines Filmamateurs*

Pirna, 1959 Einkauf im neuen Konsum . *Aufnahmen aus der »Kreisfilmschau Pirna«*

Bundesrepublik, 1959 Einkauf in einen Westdeutschen Supermarkt. *Aufnahmen für eine US-Wochenschau*

Bremen, 50er Jahre Kaffeeindustrie. *Jacobs-Werbefilm »Jacobs Hummeln«*

Oberammergau, 1957
Winterurlaub in Oberbayern. *Aus dem Stadtwerbefilm »Ein guter Gedanke«*

Edersee in Waldeck, 1959
Jahrhundertsommer: Ausflug zum ausgetrockneten Stausee an der Edertalsperre. *Ungeschnittene Aufnahmen eines Filmamateurs*

Tambach, Thüringer Wald, 1958 Ferienzeltlager für Kinder und Jugendliche aus Bitterfeld. *Aufnahmen des Filmkollektivs des VEB Elektrochemischen Kombinats Bitterfeld*

Nartum, Landkreis Rotenburg/Wümme, 1958
Geselliger Abend in einem Dorfgasthaus mit Kegeln. *Aufnahmen aus dem 8-mm-Film »Das war Nartum«*

Neu Sankt Jürgen, bei Worpswede, 1956
Übung der Freiwilligen Feuerwehr von Neu St. Jürgen. *Amateurfilm des örtlichen Heimatvereins*

Müglitztal, Sachsen, 1958
Hochwasserkatastrophe. Bau des Rückhaltebeckens Buschbachtal zum Hochwasserschutz. *Aufnahmen eines örtlichen Filmkollektivs*

Münster, 1959
Stadtspaziergang durch die Stadt, Besuch auf dem Wochenmarkt. *Aus dem Stadtwerbefilm »Münster, eine Reise wert«*

Pirna, 1961
Ein DDR-Frisiersalon für Damen und Herren. *Aufnahmen aus der »Kreisfilmschau Pirna«*

Lahnstedt, Land Hadeln, 1960
Hochzeit. *Aufnahmen aus dem Porträt »Im Land hinter den Deichen« (8-mm-Farbfilm)*

Niedergailbach, Saarland, Ende der fünfziger Jahre
Bäuerlicher Alltag auf dem Land. *Aufnahmen eines Filmamateurs*

Grafeld, Osnabrücker Land, 1959 Pferdehandel. *Ungeschnittene Aufnahmen eines Filmamateurs*

Kreis Pirna, 1961
Die Landwirtschaftlichen Produktionsgenossenschaften in der DDR. *Aufnahmen aus der »Kreisfilmschau Pirna«*

Nordhausen im Harz, 1960
»Gesellschaft für Sport und Technik«: Zivilschutz und vormilitärische Ausbildung für die NVA. *Aufnahmen eines lokalen Filmkollektivs*

Buxtehude, Mai 1959
Katastrophenschutzübung des Roten Kreuzes zur Gefahr von Radioaktivität. *Aus einer filmischen Jahresschau aus Anlaß »1000 Jahre Buxtehude«*

Plauen-Halle, Sommer 1959
Friedensmarsch Plauener Pioniere von Plauen nach Halle. *Aufnahmen des Pionierfilmstudios Plauen*

Thüringen und Sachsen, 1959
Deutsch-deutsches Motorsportrennen und Sachsenringrennen mit Fahrern aus Ost und West. *Ungeschnittene Filmaufnahmen eines unbekannten Amateurs*

Nordhausen, 1959
Mitarbeiter der PGH Maler geben einer Neubausiedlung den letzten Anstrich. *Aufnahmen eines Filmamateurs*

Berlin, 1960 Dreharbeiten zu dem Film »Wolfsschlucht« der »Neuen Gruppe 8« in einem Kreuzberger Hinterhof. *Aus einem Kurzfilm der Berliner Amateurfilmgruppe »Neue Gruppe 8«*

Berlin, 1960
Inszenierung eines Episodenfilms über die Westberliner »Kreuzberg-Szene«. *Aus einem Kurzfilm der Berliner Amateurfilmgruppe »Neue Gruppe 8«*

Heidenau in der sächsischen Schweiz, 1959 Die DDR beginnt mit dem Taktverfahren im Wohnungsbau, um dringend benötigten Wohnraum zu schaffen. *Aufnahmen aus der »Kreisfilmschau Pirna«*

Berlin, August 1961
Bau der Berliner Mauer. *Aufnahmen von Kameraleuten des US Departments of Defence (National Archive)*

PIPER

Rolf Hosfeld, Hermann Pölking

Die Deutschen 1815 bis 1918

Fürstenherrlichkeit und Bürgerwelten

Die Deutschen 1918 bis 1945

Leben zwischen Revolution und Katastrophe

Die Deutschen 1945 bis 1972

Leben im doppelten Wirtschaftswunderland

Die Deutschen 1972 bis heute

Auf dem Weg zu Einheit und Freiheit

Als ob Sie dabei gewesen wären: Auf dieser Piper Zeitreise erleben Sie deutsche Geschichte neu – in einer multimedialen Form, die einmalig ist.

Die Bücher bieten auf rund 500 Seiten spannend und informativ aufbereitete Lektüre. Hochwertig ausgestattete Bände, durchgehend farbig bebildert mit rund 450 teils noch nie zuvor veröffentlichten Fotos, anschaulichen Grafiken und Karten. Buch und DVDs im mattierten Folienschuber. Die drei DVDs zu jedem Buch enthalten Filmmaterial, das bislang so noch nicht zu sehen war: Bilder des alltäglichen Lebens aus allen Regionen Deutschlands. Aufnahmen, die in mehr als zwanzig Jahren intensiver Recherche eigens für dieses Projekt zusammengetragen, ausgewertet, restauriert, geschnitten und vertont wurden. Die Sprecher sind bekannte Schauspieler wie Gudrun Landgrebe, Hanns Zischler und Peter Kaempfe.

01/1707/01/R